INDOOR-GÄRTNERN

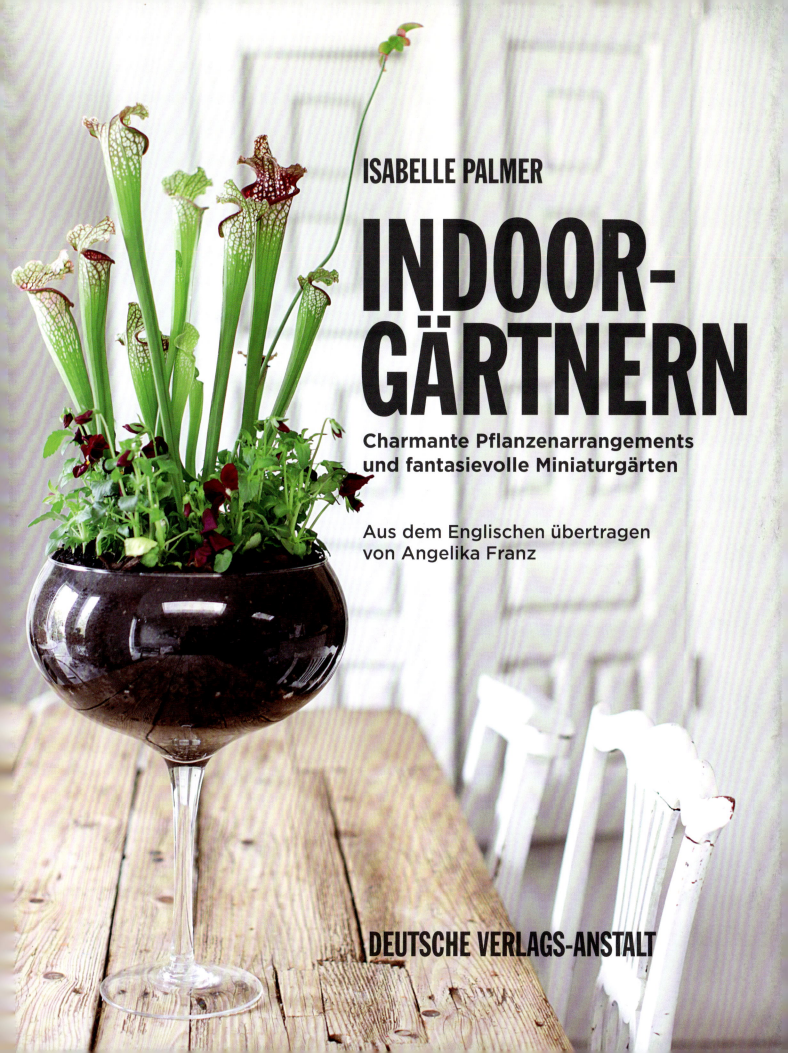

Für meine Großmutter, mein Vorbild
und meine Lehrmeisterin

Deutsche Ausgabe:
Umschlaggestaltung: SOFAROBOTNIK,
Augsburg & München
Satz: Boer Verlagsservice, Grafrath
Produktion: Monika Pitterle/DVA
Printed and bound in China
ISBN 978-3-421-03989-7

www.dva.de

Aus dem Englischen übertragen von Angelika Franz

1. Auflage
Copyright © der deutschsprachigen Ausgabe 2014
Deutsche Verlags-Anstalt, München,
in der Verlagsgruppe Random House GmbH

Titel der englischen Originalausgabe:
*The House Gardener. Ideas and inspiration
for indoor gardens*
© 2014 CICO Books. An imprint of Ryland Peters
& Small Ltd.
20–21 Jockey's Fields, London WC1R 4BW
und
519 Broadway, 5th Floor, New York, NY 10012
www.cicobooks.com
www.rylandpeters.com

Text © Isabelle Palmer 2014
Design und Fotos © 2014 CICO Books 2014

Alle Rechte vorbehalten

Lektorat: Caroline West
Grafische Gestaltung: Louise Leffler mit Geoff Borin
Fotos: Helen Cathcart
Stylistin: Marisa Daly

INHALT

Einleitung 6

KAPITEL 1
Hinter Glas 9

KAPITEL 2
Fundstücke 51

KAPITEL 3
Hängende Gärten 105

KAPITEL 4
Vor Tür und Fenster 135

KAPITEL 5
Geräte, Materialien, Techniken 161

Adressen 206

Register 207

EINLEITUNG

Da ich in der Stadt lebe, ist es mir nur zu bewusst, wie überaus kostbar ein Platz im Freien ist. Als ich im Winter meine Balkone betrachtete und vom Sommer träumte, überlegte ich: Was wäre eigentlich, wenn du ein bisschen Grün möchtest, aber keinerlei Platz im Freien hättest? Dieser Gedanke lenkte meine Aufmerksamkeit nach drinnen. Die »Zimmerpflanze« ist aus der Mode gekommen. Doch inzwischen wächst wieder das Interesse daran, Wohnungen und Häuser mit Pflanzen zu bereichern. Selbst wenn man auf dem Land lebt, können Zimmerpflanzen den so dringend nötigen Bezug zur Natur intensivieren – der nicht nur in ästhetischer Hinsicht wichtig ist, sondern auch für eine alle Sinne ansprechende gesunde Umgebung. Pflanzen erfüllen ein Heim mit ihren natürlichen Formen, Farben und Düften und können einem Interieur den letzten Schliff verleihen.

Schon seit Jahrhunderten werden Pflanzen in Innenräumen verwendet – tatsächlich sind auf Gemälden aus dem Mittelalter Kreuzritter zu sehen, wie sie mit seltenen Pflanzen aus entfernten Winkeln der Erde zurückkehren; solche Pflanzen schätzten im kühleren Europa die Wärme und den Schutz geschlossener Räume. Die Viktorianische Ära des 19. Jahrhunderts war ein Goldenes Zeitalter für das Sammeln von Pflanzen, das mit der damaligen Leidenschaft für Erforschung und Entdeckung Hand in Hand ging. Die viktorianischen Pflanzenjäger waren Abenteurer, die in die abgelegensten Regionen reisten, um exotische Pflanzen mit nach Hause zu bringen. In dieser Epoche kamen Terrarien und Ward'sche Kästen (siehe Seite 166) auf. Das Vermächtnis dieser Forscher lebt in den Pflanzen fort, die in unseren heutigen Naturlandschaften gedeihen.

In diesem Buch möchte ich Ihnen zeigen, wie Sie Zimmerpflanzen auswählen, kultivieren und dekorativ einsetzen können. Darüber hinaus werde ich Ihnen auch die verschiedenen Techniken vermitteln, die Sie für die Pflege Ihrer neuen »grünen Gäste« benötigen.

Es gibt nichts Angenehmeres, als sich die Natur nach Hause zu holen – mit Pflanzen, die nicht nur schön sind, sondern auch die Raumluft reinigen und für ausgewogene Luftfeuchtigkeit sorgen.

HINTER GLAS

Eine eigene kleine Landschaft oder einen Miniaturgarten zu kreieren, gehört zu den Dingen, die beim Gärtnern mit Zimmerpflanzen besonders viel Freude machen. Glasgefäße bieten den Vorteil, die neuen Welten auch beobachten zu können. In diesem Kapitel verwende ich ganz unterschiedliche Glasobjekte, die vielen herrlichen Zimmerpflanzen ein Zuhause geben und darüber hinaus ihre Schönheit voll zur Geltung bringen: von großen Terrarien und Glasvasen bis zu Glasflaschen oder kleinen Weingläsern. Lassen Sie Ihrer Fantasie freien Lauf!

1

Kakteen und Sukkulenten

Der Begriff »sukkulent« beschreibt die Fähigkeit von Pflanzen, in Blättern oder Sprossen Wasser speichern zu können. Kakteen gehören zu einer großen Familie von Pflanzen, die alle Sukkulenten sind. Doch neben Kakteen gibt es noch andere sukkulente Pflanzen. Alle Kakteen sind also Sukkulenten, aber nicht alle Sukkulenten sind Kakteen.

Das Wort »Kaktus« leitet sich über das Lateinische vom griechischen *kaktos* ab: eine Bezeichnung, mit der man ursprünglich eine dornige Pflanze beschrieb, von der heute nicht mehr bekannt ist, um welche es sich handelte.

Sukkulenten kommen in vielen Ländern weltweit vor und sind seit Hunderten von Jahren fester Bestandteil im Gartenbau. Aufgrund ihres ungewöhnlichen Aussehens übten sie auf Gärtner von jeher einen besonderen Reiz aus.

Im 15. Jahrhundert sammelten die berühmten portugiesischen Seefahrer Bartholomeu Dias (1451–1500) und Vasco da Gama (1460–1524) in Afrika viele Sukkulenten, darunter *Aloe*, *Haworthia* und die Aasblume (*Stapelia*). Auf der Suche nach neuen Handelsrouten nach Indien entdeckten sie auch Wolfsmilch (*Euphorbia*) und Fliegenblume (*Caralluma*).

Die niederländische Ostindische Kompanie (1602 gegründet) sammelte im Auftrag der holländischen Regierung ebenfalls viele Sukkulentenarten, von denen etliche ihren Weg in die weltberühmten *Royal Botanical Gardens* in Kew, London, fanden.

WASSER-LANDSCHAFT

> Wenn Sie mitten in der Stadt leben, in einer Wohnung ohne Balkon oder Terrasse, sehnen Sie sich vielleicht nach Ihrem eigenen grünen Reich.

Seitdem ich in London wohne, vermisse ich oft den Teich beim Haus meiner Eltern: An warmen Sommertagen ist es herrlich, die verschiedenen Fische darin zu beobachten und die üppigen Wasserpflanzen zu bewundern. Diesen Effekt wollte ich in die Wohnung holen. Nur selten werden Wasserpflanzen in Pflanzenarrangements integriert – ganz zu Unrecht, denn es gibt viele verschiedene interessante Arten und Sorten, und mit etwas Fantasie lässt sich ein richtiger Hingucker herstellen! Zudem macht es Spaß, in einem Gartencenter nach Wasserpflanzen Ausschau zu halten.

Wenn Sie mitten in der Stadt wohnen, ohne Balkon oder Terrasse, sehnen Sie sich vielleicht nach Ihrem eigenen grünen Reich. Darum sind Zimmerpflanzen so wichtig: Sie bringen die Pflanzenwelt in die eigenen vier Wände. Mit diesem fantasievollen Arrangement schafft man nicht nur einen grünen Akzent, es entsteht auch ein kleiner Teich in einer wunderschönen Glasvase.

Für diese Komposition habe ich ein schönes Stück dunkler Rinde (Moorkienholz) benutzt, etliche sogenannte Mooskugeln, wie sie durch Unterwasserströmungen entstehen, und eine Schmalblättrige Amazonas-Schwertpflanze *(Echinodorus amazonicus)*. Diese Wasserpflanze braucht nur Wasser, um zu gedeihen. Ich befestigte die Pflanze, indem ich sie mit dunklem Faden an die Rinde heftete. Und wer weiß, vielleicht setze ich noch einen kleinen Fisch ein … (Tipps zur Pflanzenkultur in Wasser: Seite 180)

WÜSTENFEUER

Wenn Sie zu den Glücklichen gehören, die einen offenen Kamin besitzen, aber vielleicht nicht genug Zeit haben, ihn regelmäßig zu nutzen, dann ist diese hübsche Kakteensammlung genau das Richtige für Sie. Natürlich braucht es keinen Kamin, um sich an diesem Arrangement zu erfreuen – eine leere Nische oder ein bisher unscheinbarer Platz bei der Treppe tut es auch. Diese Kakteen ruhen in wunderschönen Kupferlaternen. Besonders angenehm ist, dass die ausgewählten Kakteen und Sukkulenten nur selten Zuwendung brauchen: Obwohl sie nur wenig Licht und Wasser bekommen, gedeihen sie prächtig – und sind damit wie geschaffen für Anfänger und gelegentlich nachlässige Gärtner! (Pflegetipps für Kakteen und Sukkulenten: Seite 203)

Der herrliche Goldkugelkaktus *(Echinocactus grusonii)* in der kleineren schwarzen Laterne ist mit kräftigen goldfarbenen Dornen bewaffnet, die in akkuraten Reihen den gerippten Pflanzenkörper überziehen und ihn zu einem wahren Eyecatcher machen; etwas frech wird er manchmal auch Schwiegermuttersitz genannt. Nicht umsonst wird er aufgrund seiner prägnanten Kugelform oft in architektonisch gestalteten Gärten eingesetzt.

Kakteen können manchmal streng wirken, doch *Ferocactus* in der größeren dunklen Laterne sieht richtig hübsch aus. Dieser ebenfalls kugelförmige Kaktus ist gleichmäßig mit gelben und braunen Dornen überzogen. Seine zahlreichen rötlich-violetten Blüten bilden einen dichten Ring um den Scheitel. Ergänzt wird das Arrangement durch eine eng in einem Tontopf eingepasste *Aloe haworthioides.* Diese krautige Sukkulente hat üppige glänzende Blätter und kleine rosettenähnliche Blüten. Für die Gesamtkomposition benutzte ich außerdem Kies, Echte Rentierflechte und alte Apothekerflaschen.

GROSSE ERWARTUNGEN

Willkommen in der wunderbaren Welt der Miss Havisham: emsig und lebhaft und gleichzeitig doch so verträumt und liebenswürdig. Die Größe und herrlich altmodische Anmutung dieses Terrariums erlauben ein reges Innenleben – und fordern förmlich die Fantasie heraus. Inspiriert von einer meiner literarischen Lieblingsfiguren – Miss Havisham in Charles Dickens' Klassiker *Große Erwartungen* –, huldigt dieses Terrarium deren kreativer Unordnung. Ich fing mit der weißen Badewanne an, in die ich einige kleine Stücke Kriechenden Günsel (*Ajuga reptans*) und Moos hineinlegte, um den Eindruck von »grüner Nonchalance« zu erwecken. Anschließend schichtete ich um das Becken herum das Moos und die wüchsigen grünen Pflanzen auf, darunter Frauenhaarfarn (*Adiantum*) und Schwertfarn (*Nephrolepis exaltata*) zusammen mit *Fittonia*. Dieses Terrarium sollte an einem sonnigen Platz stehen. Den dekorativen Abschluss bildet ein bezaubernder winziger Vogelkäfig – als kleine Reminiszenz an Miss Havisham.

HOCH & ELEGANT

Diese Komposition ist ein herrliches Beispiel dafür, wie außergewöhnlich gut verschiedene Strukturen und Farben zusammenwirken können. Das zarte Glas der hohen Vase wird durch das verwitterte Terrakottagefäß wunderbar hervorgehoben. Dieses Terrarium in einer als Weinglas geformten Vase ist ein weiterer Beleg dafür, dass es sich lohnt, erfinderisch und fantasievoll vorzugehen. Terrarien müssen nicht unbedingt aus alten Gefäßen oder metallgefassten Behältern bestehen – eine elegante Glasvase wie diese dient Ihren Pflanzen genauso als prächtiges Zuhause.

Die hellgelben Blüten des Trommelschlägels *(Craspedia globosa)* erinnern an Sektperlen, die in einem Glas nach oben steigen. Sie leuchten, glänzen und lassen – vereinzelt und sparsam eingesetzt – ein interessantes Bild entstehen; mehr von ihnen wäre des Guten zu viel.

Außer dem Trommelschlägel verwendete ich einen moosgrünen Wiesen-Moosfarn *(Selaginella apoda)* und eine violettblühende Passionsblume *(Passiflora)*, um die gelben Blüten und das braune Rindenstück mit einem sattgrünen Hintergrund zu versorgen. Die Passionsblume wird man regelmäßig zurückschneiden müssen, damit sie nicht irgendwann das gesamte Gefäß einnimmt.

Den alten Terrakottatopf bepflanzte ich mit 'Tom Thumb', einer Hybride von *Kalanchoe blossfeldiana*. Die hübsche, farbenfrohe Pflanze harmoniert wunderbar mit dem verwitterten orangefarbenen Tongefäß.

Nächste Doppelseite: Diese drei unterschiedlichen Stielgläser ergänzen die weinglasförmige Vase perfekt und bilden zusammen ein dekoratives Ensemble. Ich benutzte hier verschiedene kleine Sukkulenten und ein paar Moosstücke. Als Dränage könnte man auch ein paar Kieselsteine in die Gläser legen, aber wenn man daran denkt, dass diese Pflanzen nur wenig Wasser brauchen, ist das nicht unbedingt nötig. Ich habe hier keinerlei Topfsubstrat verwendet, denn die Sukkulenten gedeihen auch ohne, solange das Moos feucht gehalten wird.

HÜBSCH VERWINKELT

Als ich solch ein Terrarium im Internet entdeckte, beschloss ich sofort, selbst ein ähnliches anzulegen. Es stellt eine wirklich ungewöhnliche Erweiterung meiner Terrariensammlung dar. Terrarien sind oft hoch und viereckig, da ist dieses mehrwinklige etwas ganz Besonderes. Das ungewöhnliche Glasgefäß, das aussieht, als sei es umgekippt, kann man von allen Seiten aus betrachten, weshalb es sich gut für einen Beistelltisch eignet. Ich wusste, dass die sattdunkelgrünen Moospolster des *Leucobryum* von jedem Betrachtungswinkel aus attraktiv aussehen würden, und setzte die hübschen leuchtendgrünen Oreganoblätter darauf. Neben die Öffnung des Terrariums platzierte ich eines meiner Fundstücke aus dem Laden für Puppenhauszubehör: die blaue Miniaturuhr. Kleine Dinge mit interessanter Farbe oder Form in verborgene Winkel zu setzen, macht mir bei der Gestaltung von Terrarienlandschaften immer besonders viel Freude.

KLASSISCHE SCHLICHTHEIT

Saftig-grüne Sukkulenten, ausgesuchte Kieselsteine und ein anscheinend auf einer der Ecken stehendes Terrarium: so einfach, schlicht und klassisch – und doch so hinreißend. Wäre dieses kleine Terrarium in einer Nische, auf einem Beistelltisch oder auf einem Bord im Badezimmer nicht ein dekorativer Blickfang? (Pflegetipps für Kakteen und Sukkulenten: Seite 203)

Ich mag die klaren Linien und die architektonisch wirkende Form dieses Terrariums. In seinem Inneren ahmt das Arrangement die Schönheit eines Lotosblatts nach, das auf einem Meer aus Kieseln und Steinen treibt. Die lebhaften Grüntöne der Sukkulenten verblüffen und machen einem bewusst, wie prächtig diese Pflanzen tatsächlich sind.

VIKTORIANISCHE AUSSTELLUNG

Die wunderbar exotischen Luftpflanzen wollen genauer betrachtet werden. Zusammen mit etwas **Holz** und **Moos** ist dieses Ensemble eine wahre **Attraktion**.

Diese hübsche Kombination aus dunkler Rinde und hellen Kieselsteinen ergibt ein faszinierendes Arrangement, das überall im Raum prächtig wirkt. Die dunklen Farbtöne des alten Terrariums erinnern mich an einen schummrigen Herrenclub aus der Viktorianischen Ära des 19. Jahrhunderts, wo man Sammelstücke von einer Wüstenexpedition ausstellte. Ich entdecke das Terrarium auf einem Antiquitätenmarkt, und nach mehrmaligem Säubern und Polieren sieht es fast wie neu aus. Die Pflanzen in dem Terrarium sind Luftpflanzen der Gattung *Tillandsia*. (Pflegetipps für Luftpflanzen: Seite 179) Zur Vervollständigung fügte ich ein interessant geformtes Holzstück und etwas Echte Rentierflechte hinzu. Dann verteilte ich auf dem Boden des Terrariums dunkle Rindenschnitzel und einige Kieselsteine.

Dieses Terrarium zählt zu meinen Favoriten, da es so schlicht und elegant ist und doch einen Hauch Luxus ausstrahlt. Hintergrund und Gegenstände ringsum sind so unaufdringlich und zurückhaltend, dass sie es ganz den Tillandsien überlassen, ihre majestätische Erlesenheit zur Wirkung zu bringen. In einem solch wunderbaren Terrarium würden diese Pflanzen auch nur mit einem Stück Moorkienholz als schlichtem Sockel fantastisch wirken.

Diese idyllische Strandszene verspricht absolute Entspannung. Stellen Sie sich vor, mit einem Glas Wein in der Hand im kühlen Schatten eines tropischen Baums zu sitzen und mit einem Freund zu plauschen.

PARADIESISCHE STRANDOASE

Wer freut sich nicht über einen faulen Tag am Strand? Dieses Glasterrarium huldigt einem tropischen Paradies: ein hübsch gestreifter Liegestuhl, umgeben von goldfarbenem Sand, in dem keck eine Flasche steckt. Ich entdeckte das winzige rote Telefon in einem Laden für Puppenhauszubehör und war sofort hingerissen. Ich fand, es würde zu dieser ziemlich klassischen Szene gut passen. Die sattgrüne Pflanze, die an eine Palme erinnert, ist ein Exemplar von *Castanospermum australe*. Dieses Arrangement wirkt besonders gut im Sommer und ist eine großartige Dekoration für die Mitte eines langen Küchentischs aus Holz.

Für diese Komposition habe ich zuerst Topfsubstrat in das Glas gegeben und darauf eine Schicht feinen Sand. Die Pflanzung ist nur von begrenzter Dauer, da *Castanospermum australe* letztendlich zu einem Baum heranwachsen wird – aber natürlich nicht in diesem Terrarium! Samen und Wurzeln sind giftig, weshalb Kinder und Tiere ferngehalten werden sollten. Ein guter Trick, mit dem man die Pflanze wässern kann, ohne die Sandfläche zu zerstören: einen Trichter bis in das Substrat stecken und dann langsam Wasser einfließen lassen.

Zarte Rosa- und Rottöne bringen die Arrangements in diesen traditionellen Terrarien hervorragend zur Geltung.

GEBÄNDIGTE FÜLLE

Dieses große Terrarium (rechte Seite) braucht viel Platz. Mit seinem aufregenden Mix aus Farbe und Struktur ist es ein wahrer Eyecatcher. Seine traditionelle Form erinnert mich an einen viktorianischen Wintergarten – gut gegliedert und mit großen Glasflächen. Dazu habe ich mir eine kontrastierende Pflanzung ausgedacht. Und statt, wie es die Form des Terrariums nahelegt, an klaren Linien und Farbblöcken festzuhalten, habe ich an der Seite von dunklerer *Begonia* und *Fittonia* mit Moos und Sukkulenten ein lebendiges Bild geschaffen. Es erinnert mich an den verwunschenen Garten eines viktorianischen Landsitzes, fern von neugierigen Blicken.

Oben: Dieses Terrarium brauchte eine Solitärpflanze in kräftigen Farben. Ich wählte diesen hübschen Zylinderputzer *(Callistemon)* mit seinen bezaubernden leuchtend rosaroten Blüten. Dieses Terrarium ist stattlich und beeindruckend, und einem solchen Arrangement gebührt Aufmerksamkeit und ein Ehrenplatz in Ihrem Zuhause.

Warum nicht auf einem Spaziergang im Park auf einer Bank innehalten und den Nachmittag bei Zeitungslektüre verbummeln?

NACHMITTAG IM PARK

Auf einem großen Antik- und Trödelmarkt bin ich zufällig auf dieses Terrarium gestoßen. Ich war auf der Suche nach einem vergoldeten Rahmen für ein anderes Projekt und durchforstete die Regale danach. Hinter einem alten roten Briefkasten fand ich dieses buntglasige Terrarium. Es sah zwar heruntergekommen aus (es fehlten die meisten Glaselemente), aber ich konnte sein Potenzial erkennen. Ich ließ es also reparieren und die seitlichen Glasscheiben entfernen. Es dauerte eine ganze Weile, bis es fertig war, doch das Warten hat sich gelohnt. Ich bin ganz vernarrt in das grüne Glas, das so gut zum grünen Moos passt. Ich stellte eine kleine weiße Parkbank auf das Moos und legte eine winzige, gefaltete Zeitung auf die Sitzfläche. Ich finde, beides erinnert perfekt an einen entspannten Nachmittag im sommerlichen Park.

EINE GARTENSZENE

Träumen Sie von einem smaragdgrünen Paradies, in dem das Wasser eines aquamarinblauen Pools Ihre Füße sanft umspielt.

Besonders zu viktorianischen Zeiten schwärmte man davon, ein eigenes Terrarium zu bauen und zu gestalten, und bald wurde es Mode, zu Hause auf einem Beistelltisch mit einem aufzuwarten. Bei der Bepflanzung und den Requisiten waren die Menschen sehr fantasievoll, und so stellte man zwischen den Pflanzen nicht nur familiäre Erinnerungsstücke und Porzellan aus, sondern sogar Schmuck.

In diesem hübschen stahlgefassten Terrarium wollte ich mit einigen amüsanten Dingen eine Gartenszene nachbilden. Als Grundlage suchte ich helle Kieselsteine aus, auf die ich neben einer auffallenden Korallenbeere *(Nertera granadenis)* die leuchtend grünen Moospolster von *Leucobryum* ausbreitete. Danach fügte ich Gartengeräte und für etwas Höhe ein aufragendes Vogelhäuschen in Miniaturgröße hinzu. Als begeisterte Gärtnerin fand ich, dass dieses lustige Terrarium mein Zuhause besonders schmücken würde. Bummeln Sie durch Spielwarengeschäfte und Läden für Puppenhauszubehör – sie sind gute Quellen für passende Terrarien-Requisiten.

Korallenbeeren bringen nicht viele »Beeren« hervor, wenn zu wenig Licht vorhanden ist oder wenn es zu warm ist. Ein kühler, sonniger Platz oder eine nach Süden ausgerichtete Fensterbank ist ideal. Halten Sie das Topfsubstrat im Frühling und Sommer feucht; doch im Herbst und Winter sollte es zwischen dem Wässern immer antrocknen können. Im Frühling und Sommer brauchen Korallenbeeren bis zur Blüte einmal im Monat Flüssigdünger in halber Verdünnung.

KAISER ALLER KAKTEEN

Dieses zierliche Terrarium ist eine Anspielung auf den Fernen Osten. Das dunkle Topfsubstrat am Boden ist nicht nur eine gute Basis für den feinen, hellen Kies, sondern bildet zu ihm auch einen guten Farbkontrast. Für dieses Arrangement wählte ich verschiedene Kakteen und Sukkulenten aus, darunter *Echinocereus pulchellus*, *Opuntia microdasys* f. *monstrosus* und *Myrtillocactus geometrizans*. Formen und Dornen muten beinahe architektonisch an und sind bei jedem Exemplar unterschiedlich; ich habe zwischen den einzelnen Pflanzen genügend Platz gelassen, damit kein überfüllter Eindruck entsteht. Dieses Terrarium erinnert mich durch seine akkurate Anordnung und betonte Formensprache an einen exquisiten Japanischen Garten. (Pflegetipps für Kakteen und Sukkulenten: Seite 203)

EXOTISCHER COCKTAIL

Dieses **Glasgefäß** besticht durch seine majestätische Schönheit. **Stolz aufragend** spielt das lässig-mondäne Arrangement auf **köstliche** Cocktails an.

Cocktails am Freitagabend sind immer etwas, auf das man sich freut – besonders nach einer langen, arbeitsreichen Woche. Diese amüsante und betörende Komposition ist eine Hommage an Cocktails. Sie ist eine berauschende Mischung aus Farbe und Struktur und zieht die Aufmerksamkeit auf sich. Hier dürfen Sie nicht zaghaft sein: Dieser Cocktail braucht einen prominenten Platz, damit ihn alle bewundern können.

Erstaunlicherweise heißen die hohen Pflanzen in der Vasenmitte Krugpflanzen *(Sarracenia leucophylla)*, bei denen ich immer an die süßen Cocktails denken muss, die aus großen, bauchigen Krügen eingeschenkt werden. Doch nicht so hier. Die Krug- oder Schlauchpflanzen dieses Arrangements sind elegant und skulpturhaft. Aber man muss sich vor ihnen in Acht nehmen, denn Schlauchpflanzen sind fleischfressende Pflanzen und besitzen einen tiefen Hohlraum mit Flüssigkeit, sogenannte Fallgrubenfallen, mit denen sie unglückliche Insekten fangen. Das mag gefährlich klingen, doch die hier gezeigten Pflanzen befinden sich in der Ruhephase und stellen für Fliegen und kleine Finger (noch!) kein Risiko dar.

Krugpflanzen bevorzugen eine sumpfige, feuchte Umgebung; vergewissern Sie sich also, dass das Topfsubstrat stets feucht ist. Statt Leitungswasser ist es ratsam, destilliertes Wasser, Regenwasser oder Tauwasser, vielleicht sogar von einer Klimaanlage, zu verwenden. Ich empfehle auch, Krugpflanzen in erdefreies Substrat zu pflanzen, das sich je zur Hälfte aus Torfersatz und sterilisiertem Sand zusammensetzt. Ich verteilte auf dem Substrat eine Schicht Rindenschnitzel, damit die Feuchtigkeit nicht so schnell verdunstet. Krugpflanzen brauchen viel Sonne und deshalb einen Platz mit direktem Sonnenlicht, wo sie im Sommer täglich mindestens sechs bis acht Stunden Sonne erhalten.

Als Begleitpflanzen eignen sich Garten-Stiefmütterchen *(Viola x wittrockiana)*, deren hübsche kleine Blüten hier eine wunderschöne dunkle Farbe haben; Garten-Stiefmütterchen gibt es in unendlich vielen Variationen und Farben. Sie sind aus einer Kreuzung von zwei wild wachsenden Veilchen hervorgegangen – und sollen Liebe bringen!

GRÜNER GEHT'S NICHT...

Das bemerkenswerte, dickwandige grüne Glasgefäß ist ein wunderbares Heim für eine Pflanzenkomposition. Der schmale Flaschenhals mit seinem stärkeren Glas sorgt dafür, dass die Wärme im Inneren bleibt; bei Terrarien aus dickwandigem Glas sollte man dies beachten und nur Pflanzen wählen, die unter feucht-warmen Bedingungen gedeihen. Die dunkle Erde bietet hier eine gute Grundlage für grünes Moos, *Fittonia* und mehrere Farne.

Ich entdeckte dieses Ballonflaschen-Terrarium in einem kleinen Kunstgewerbeladen und war sofort davon hingerissen, da ich mich daran erinnerte, dass meine Mutter eines hatte, als ich noch ein Kind war. Sie waren in den 1970er-Jahren sehr beliebt und viele hatten damals einen großen Korken, mit dem man sie verschließen konnte. Dieses Terrarium sticht aus meiner Sammlung heraus, wobei mir besonders seine schlichte bauchige Silhouette gefällt.

Der Schwertfarn *Nephrolepis exaltata* und *Fittonia* weisen ganz verschiedene Strukturen auf – durch das herrlich grüne Glas kann man immer wieder unterschiedliche Blicke auf sie erhaschen. Ein einfaches Terrarium mit einem sympathischen natürlichen Flair.

Farne und *Fittonia* bringen das prächtig grüne Glas dieses **faszinierenden Terrariums** erst richtig zur Geltung – zusammen lassen sie eine üppige **Landschaft** entstehen.

FLASCHENPOST

Ich mag die Vorstellung, am Strand eine Flasche zu finden, vielleicht eine alte Flaschenpost, mit einer Nachricht für eine geliebte Person darin. Das mag eine romantische Idee sein, aber sie ist ein guter Ausgangspunkt für eine Terrarien-Geschichte.

Wenn ich mich in Antiquitätenläden oder auf Trödelmärkten umsehe, komme ich nie ohne einige alte Flaschen nach Hause: es ist einfach praktisch, sie für neue Pflanzen- und Bastelprojekte immer vorrätig zu haben. Diese kobaltblaue Flasche habe ich vor langer Zeit entdeckt, ganz hinten in einem Küchenschrank.

Als ich mit diesem hübschen Terrarium begann, war mir klar, dass ich eine Geschichte erzählen wollte, und ich erinnerte mich an die blaue Flasche. Das herrlich dunkle Topfsubstrat ergibt auch hier eine ideale Basis für das Gesamtbild und kontrastiert perfekt mit den hellen runden Steinen. Als hohe grüne Bepflanzung wählte ich ein Frauenhaarfarn (*Adiantum*) und eine Bergpalme (*Chamaedorea elegans*), die mit ihren üppigen und lebendigen Blättern fast den gesamten Platz einnehmen. Am Schluss platzierte ich die Flasche auf die Steine.

Etwas Rätselhaftes umgibt das Terrarium. Man hat das Gefühl, in eine verborgene Welt zu schauen oder zwischen den ausgebreiteten, hübschen Blättern, die in ihrem Zuhause zu tanzen scheinen, vielleicht einem Geheimnis auf die Spur zu kommen.

> Schreiben Sie einen geheimen **Wunsch** auf ein Stückchen **Papier** und verstecken Sie dieses in einer **blauen Flasche** – nur für eine bestimmte Person sichtbar.

HINTER GLAS

STEINIGER WEG

Dieses hübsche Terrarien-Trio präsentiert ein vielseitiges Ensemble aus Kakteen, Steinen und grünen Moosen. Kakteen vermitteln das Bild einer offenen Wüstenlandschaft – den Rand des Universums. Hier sind sie in drei wunderschönen offenen Glasgefäßen eingefangen. (Pflegetipps für Kakteen und Sukkulenten: Seite 203) Dekorative Glasgefäße sind eigentlich einfach zu bekommen, etwa in Haushaltswaren- oder Einrichtungsgeschäften. Trotzdem sollte man gezielt nach Gefäßen suchen, die zur übrigen Einrichtung in dem jeweiligen Raum wirklich passen und die Ihnen besonders gut gefallen. Überlegen Sie sich vorher, wohin Sie sie stellen möchten, wie groß der Platz dafür ist und wie viel Licht vorhanden ist.

Diese drei Glasgefäße sind zwar unterschiedlich groß und haben verschiedene Formen, ergeben aber eine prächtige Gesamtkomposition. Zögern Sie also nicht, Terrarien und Glasgefäße nebeneinander zu platzieren. In den Gefäßen befinden sich Kieselsteine, die ich auf Strandspaziergängen gesammelt habe. Versuchen Sie Steine auszuwählen, deren Farben und Strukturen einen guten Kontrast bilden; auch Muscheln können sehr dekorativ wirken. Auf einem Ausflug oder im Urlaub Muscheln und Kieselsteine zu sammeln, macht der ganzen Familie Spaß. Ich fand auch einige Granitstücke und getrocknetes Moos, die dem Arrangement noch zusätzlich interessante Aspekte verleihen.

Für das zylindrische Gefäß benutzte ich eine Moosmatte mit Papierunterlage aus dem Floristenbedarf; so lässt sich die benötigte Form leichter ausschneiden und im Gefäß auslegen. Das saftig grüne Moos sieht herrlich aus und ergibt einen wunderbaren Gegensatz zum wüstenartigen Erscheinungsbild der anderen Gefäße. Fossilien und kleine, sogenannte Lebende Steine *(Lithops)* sind Anspielungen auf archäologische Entdeckungen. Zum Schluss fügte ich noch einen prächtigen türkisfarbenen Schmuckstein hinzu – stellvertretend für einen blauen Teich inmitten von schimmernden Felsen.

KLEIN, ABER FEIN

Als eines meiner Lieblingsterrarien bietet es mit seinen Mini-Terrakottatöpfen und den kleinen Kieseln und winzigen Blättern ringsum einen reizenden Anblick. Dieses einfache Terrarium eignet sich hervorragend für Anfänger, da es oben eine große Öffnung hat, durch die sich Topfsubstrat und Kiesel gut einfüllen lassen. Und die zahllosen kleinen Blätter des Strauchportulaks *(Portulacaria afra)* sorgen für Farbtupfer. Größe und Form dieses Terrariums unterscheiden sich erheblich von den anderen meiner Sammlung. Ich entdeckte ein paar kleine Tonobjekte in meinem Lieblingsgeschäft für Puppenhauszubehör und brachte sie gleich hier unter: Neben den winzigen Blättern der Pflanze sehen die zierlichen Stücke einfach bezaubernd aus. Das Arrangement ist dreidimensional und kann daher aus allen Blickrichtungen betrachtet werden.

Die hellen Steine bilden zusammen mit den salbeigrünen Blättern ein zartes, aber faszinierendes Arrangement.

Kiesel und Steine sehen in Terrarien großartig aus; es gibt sie in vielen verschiedenen Formen, Größen und Farben. Je nach gewünschter Wirkung kann man sie entweder beliebig miteinander kombinieren, um ein lebendiges Bild entstehen zu lassen, oder sie in gleicher Farbe und Größe verwenden, um dadurch eine einheitliche Optik zu erzielen. Auch unter praktischen Gesichtspunkten sind Steine nützlich, da man mit ihnen die Pflanzen fixieren kann. Hier habe ich mit den kleineren weißen Kieseln und dem dunklen Topfsubstrat einen Farbkontrast hergestellt – der schwarz-weiße Look sieht wirklich gut aus, besonders wenn man das Terrarium vor einer Neonfarbe wie Pink platziert. Ich umgab einige kleine üppige Pflanzen, darunter eine Leuchterblume *(Ceropegia linearis* subsp. *woodii)* und ein *Sedum rubrotinctum,* mit kleineren Kakteen, um eine Art moderne Wüstenlandschaft zu schaffen.

WÜSTE IN SCHWARZ-WEISS

EIN TRAUM AUS WASSER

Dieser kleine Wassergarten (oben rechts und rechte Seite) wird durch große Kieselsteine und kleine Felsstücke, die mich an eine zerklüftete Küste erinnern, gehalten. Kürzlich sammelte ich viele dieser Steine bei einem Ausflug an die Küste Cornwalls. Meine Terrarien haben mich inzwischen in eine Art »diebische Elster« verwandelt; ständig bin ich auf der Suche nach kleinen Gegenständen. Ich entschied mich hier für einige unterschiedlich grüne Wasserpflanzen wie Tausendblatt *(Myriophyllum)* und Papageienblatt *(Alternanthera),* von denen ich finde, dass sie gut zu den aschfarbenen Steinen passen. Die schöne *Clematis*-Blüte habe ich im Garten gepflückt, sie ergänzt dekorativ die Komposition – wie eine auf der Wasseroberfläche treibende blassblaue Seerose. (Tipps zur Pflanzenkultur in Wasser: Seite 180)

In dem Glasgefäß oben links kombinierte ich *Fittonia albivenis*, *Echinodorus* 'Red Special' und einen Algenfarn; mithilfe von Kieselsteinen werden sie unter Wasser gehalten. Dieses prächtige, rötlich changierende Arrangement wirkt auf dem Kaminaufsatz überaus stilvoll.

Pflanzgefäße mit Miniatur-Wassergärten vermitteln dem Betrachter Ruhe und Gelassenheit.

FUNDSTÜCKE

2

Außergewöhnliche Objekte zu Pflanzgefäßen umzufunktionieren und alte Behälter wiederzuverwerten, ist eine wunderbare und originelle Art, Zimmerpflanzen zur Geltung zu bringen und zu präsentieren. In diesem Kapitel habe ich eine Fülle an ungewöhnlichen Gefäßen für botanische Arrangements versammelt. Alte Töpfe, Milchkrüge oder Einmachgläser – es gibt immer eine Möglichkeit, entsorgte Gegenstände aufzufrischen und wiederzuverwenden. Das Schönste dabei ist jedoch, sich auf die Suche nach ihnen zu begeben: Nichts liebe ich mehr, als über Antiquitätenmärkte oder durch Trödelläden zu streifen, stets auf der Jagd nach geeigneten Gefäßen. Mit wenig Mühe können Sie sie ganz leicht wieder herrichten und ein einzigartiges Spektakel entstehen lassen.

Farne

Farne gibt es bereits seit über 300 Millionen Jahren. Während dieses Zeitraums haben sie sich in einem erstaunlichen Ausmaß in zahllose Formen entwickelt. Farne wachsen überall auf der Welt, und zwar in ganz unterschiedlichen Lebensräumen. Zum ersten Mal entdeckte man sie in fossilen Funden aus dem frühen Karbon, und aus der Trias gibt es erste Belege für Farne, die mit einigen der heutigen Farnfamilien verwandt sind. Die »große Farn-Verbreitung«, eine Phase, in der viele der heutigen Farnfamilien zum ersten Mal auftauchten, fand in der späten Kreidezeit statt. Diese Periode wird oft auch als das Zeitalter der Farne bezeichnet, da diese in der Vegetation jener Zeit ein so prägendes Element darstellten.

In dieser Ära entstanden aus Samen einige farnähnliche Pflanzengruppen, die sogenannten Samenfarne. Sie bildeten ungefähr die Hälfte des farnähnlichen Laubs der Wälder im Karbon. Viel später gingen aus ihnen die Blütenpflanzen hervor. Die meisten Farne aus dem Karbon starben aus, aber einige entwickelten sich später zu unseren heutigen Farnen. Aktuell gibt es weltweit etwa 12.000 Farnarten.

Farne sind kein wichtiger Wirtschaftsfaktor, aber sie können als Nahrung kultiviert oder gesammelt sowie als dekorative Zimmerpflanze und gegen kontaminierte Böden eingesetzt werden. Die Forschung

hat sich auch mit der Fähigkeit von Farnen beschäftigt, chemische Luftschadstoffe zu beseitigen. Zum Beispiel kann man sie einsetzen, um Schadstoffe wie Toluol und Xylole, die in einigen Farben, Nagellacken und Klebern enthalten sind, zu entfernen.

Farne spielen auch in der Mythologie, Medizin und Kunst eine bedeutende Rolle. Und sie sind ein beliebtes Motiv in Neuseeland, wo sie auf Maori *koru* heißen.

TROPISCHES REFUGIUM

Mit seiner fantastischen Kombination aus verschiedenen Blattformen und -farben hebt sich dieses Arrangement für ein Badezimmer vom Üblichen ab.

Ein ausgiebiges Bad ist eine wunderbare Gelegenheit, sich inmitten von Stress und Hektik etwas Zeit zu gönnen. Aber ich finde, dass Bäder viel zu selten für Zimmerpflanzen in Betracht gezogen werden. Es ist eine Schande, eine Pflanze allein in einer Ecke stehen zu sehen oder feststellen zu müssen, dass es überhaupt kein Grün im Raum gibt! Bäder bieten Zimmerpflanzen jedoch eine ideale Umgebung, da sie oft viel Tageslicht bekommen und die Pflanzen vor den hellen Flächen brillieren können.

Die Sukkulenten und leuchtenden fleischigen Pflanzen dieses herrlich dunklen Arrangements mögen die warmen Verhältnisse im Bad. Diese Pflanzen halten auch gut die Feuchtigkeit und haben eine wunderschön kräftige Farbe. Eine meiner Lieblingspflanzen ist die hohe *Maranta leuconeura* mit ihrer erstaunlichen Farbkombination, die der dunkle Tontopf noch hervorhebt. Muster und Farben der Blätter dieser Pflanze machen sie zu einem der dekorativsten Elemente eines jeden Pflanzenarrangements. Zudem falten sich die Blätter nachts ähnlich den Händen von Betenden *(prayer)* zusammen, weshalb sie im Englischen auch den Namen *prayer plant* trägt.

Die dunkelgrüne *Aloe haworthioides* ist eine prächtige Pflanze und sieht mit ihren spitzen, fleischigen Blättern fantastisch und eigentümlich aus. Sie eignet sich hervorragend für das Badezimmer und wächst sowohl in voller Sonne als auch im Halbschatten. Die zart aprikosenfarbenen Blüten erscheinen im Spätsommer und Frühherbst und verströmen einen köstlich süßen Duft. *Aloe haworthioides* erhielt ihren Namen aufgrund ihrer Ähnlichkeit mit den Verwandten der Gattung *Haworthia*. Diese Ähnlichkeit ist kein Zufall: *Aloe* und *Haworthia* sind genetisch nicht weit voneinander entfernt und kreuzen sich einfach.

Vervollständigt wird das Arrangement durch die Bogenhanfart *Sansevieria trifasciata*. Diese sukkulente krautige Pflanze ist dicht und hat aufrechte, spitze immergrüne Blätter.

RANDVOLL MIT SUKKULENTEN

Dieses moderne Arrangement ist ein Muss für die »Ich wünschte, ich hätte mehr Zeit!«-Gärtner oder die »Ich vergesse immer, die Pflanzen zu gießen«-Gärtner oder die schlichtweg ein wenig faulen Gärtner. Ich war von der Reaktion einiger Menschen überrascht, als ich erklärte, ich möchte eine Komposition allein aus Sukkulenten machen. Zweifel bis hin zu Entsetzen wurden mir entgegengebracht: Warum nur wollte ich solch hässliche Pflanzen für eine Innendekoration benutzen? Ich war entschlossen, dem Lager der Sukkulentengegner den Beweis zu liefern!

Sukkulenten werden häufig ungerecht behandelt. Unglücklicherweise beschwören sie oft Bilder von traurigen, verwaisten Pflanzen in Bädern, von Geschenken aus der Kindheit oder schlechten mexikanischen Restaurants herauf. Doch man kann sich auch in Sukkulenten verlieben, sofern sie in einem gut durchdachten Pflanzenarrangement geschickt zusammengestellt werden. Vielleicht sind es die eigenwilligen Formen, die fleischigen Blätter oder die seltsam geformten Kugeln – wie dem auch sei, ich finde, sie sind sehr moderne und stilvolle Zimmerpflanzen. Als minimalistische Pflanzen mit schlichten, schnittigen Formen verleihen sie Räumen auf einfache Weise einen »Wüsten-Chic«.

Ein Arrangement aus Sukkulenten zusammenzustellen, kann viel Spaß machen – es ist *die* Gelegenheit, das Eigenwillige mit dem Wunderbaren zu kombinieren. Ich wählte einige meiner Lieblingspflanzen, wie das Dickblatt *Crassula ovata*, Gewöhnliche Hauswurz *(Sempervivum tectorum)*, *Aloe* 'Pinto', Fetthenne *(Sedum)*, *Kalanchoe thyrsiflora*, *Epipremnum aureum*, *Echeveria* 'Fred Ives', *Crassula perforata* und *Pachyveria glauca* 'Little Jewel' zusammen mit *Lithops* und neutralen Kieselsteinen. Das Gefäß malte ich in einem dunklen Schiefergrau an, das, wie ich finde, den Einrichtungsstil hervorragend betont. (Pflegetipps für Sukkulenten: Seite 203)

Die **subtile Schönheit** und **Anmut** dieser fantastischen Sukkulenten werden durch die Steine ringsum **perfekt** in Szene gesetzt.

BAUERNGARTEN FÜR DRINNEN

Lange Mittagessen am Sonntag, Frühstückskaffee mit Freunden, chaotische Abendessen mit der Familie, romantische Dinner zu zweit – die Küche ist oft der Mittelpunkt eines Heims. Frische Kräuter sehen in einer Küche natürlich immer gut aus. Doch warum hier aufhören? Eine moderne Küche verdient unterschiedliche Zimmerpflanzen: Sie ist ein fantastischer Ort, um ganz öffentlich seine Lieblingspflanzen vorzuführen. Ich liebe dieses Ensemble aus Terrakottatöpfen und finde, dass die verschiedenen Strukturen, Farben und Formen wunderbar zueinanderpassen. Die Farben der Blüten und Pflanzen werden durch die eher zurückhaltend getönten Blumentöpfe hervorgehoben. Die herrliche Zusammenstellung aus grünem Gras und Farbtupfern macht sich gut auf einer Küchenarbeitsplatte oder einem langen Esstisch.

Das kräftige Grün des Saat-Hafers *(Avena sativa)* akzentuiert die anderen Farben ringsum perfekt; diese Pflanze zählt zu meinen Favoriten. Obwohl Saat-Hafer nur selten als Topfpflanze verwendet wird, ist er eine großartig moderne Alternative zu eher biederen floralen Zusammenstellungen. Es ist ganz einfach, das Gras so zu pflegen, dass es stets frisch wirkt. Hierfür sollten Sie alles, was braun geworden ist, sowie alte Blätter abschneiden, damit das Gras weiterhin gut wächst. Hilfreich (aber nicht unbedingt notwendig) ist es, den Topf auf ein Fensterbrett zu stellen, das nicht direkt von der Sonne beschienen wird, und ihn regelmäßig zu drehen, damit das Gras von allen Seiten gleich viel Licht bekommt. Und Sie sollten sicherstellen, dass das Topfsubstrat stets feucht ist.

Die zart orangefarbenen Blüten des *Osteospermum ecklonis,* auch als Bornholmmargerite bekannt, wirken neben dem grünen Saat-Hafer sehr anmutig. Falls man sie im Freien kultiviert, ist es gut zu wissen, dass die Blüten Kälte schlecht vertragen – bei Frost und kaltem Wetter welken sie. Für die Leuchtkraft dieses Arrangements ist das *Chrysanthemum* verantwortlich, dessen botanische Bezeichnung aus dem Griechischen kommt und »Goldblüte« bedeutet. Die dunklen Blüten ergeben einen guten Kontrast zum Gras und zu den zarter getönten Blüten der anderen Pflanzen. Chrysanthemen sind sehr alte Pflanzen. In China wurden sie bereits im 5. Jahrhundert v.Chr. als Kraut kultiviert, und sie sind ein häufiges Motiv der chinesischen und ostasiatischen Kunst. Die im Handel erhältlichen Chrysanthemen haben meist auffallendere Blüten als ihre wild wachsenden Verwandten – machen Sie sich also darauf gefasst, dass sie anderen vielleicht die Schau stehlen! Chrysanthemen sind mit ganz unterschiedlich geformten Blüten erhältlich, etwa mit einfachen oder gefüllten Blütenköpfen oder mit Pomponblüten, zudem gibt es auch Schmuckchrysanthemen.

Die hübschen Blüten des Steinbrechs *(Saxifraga)* sehen so anmutig und verträumt aus, dass sie wie zartgestielte, kleine Sterne wirken. Sie sind herrlich fröhlich und eignen sich gut für triste Zimmerecken, denn sie gedeihen auch an einem eher dunklen Platz. Ich habe hier die Art *Saxifraga paniculata* gewählt, die auch als Rispen-Steinbrech bekannt ist. Gehen Sie an *Phlox*-Blüten vorbei und Sie werden von ihrem herrlichen Duft begeistert sein – man könnte glauben, man hätte eine eigene Parfümerie zu Hause! Mit *Phlox* gibt es keine Schwierigkeiten bei der Pflege, auch wenn ich rate, nach einer kurzen Sorte Ausschau zu halten, die in einem Pflanzgefäß für Innenräume besser sitzt. Diese bezaubernd mauveblaue Art nennt sich *Phlox divaricata*. *Phlox* bevorzugt einen halbschattigen Platz und mag es nicht, den ganzen Tag in der Sonne zu stehen. Im Spätfrühling muss die Pflanze zurückgeschnitten werden, damit sie schön klein und buschig wächst.

> Zarte Pastelltöne deuten die dezente Schönheit eines naturbelassenen Bauerngartens an.

Ein zarter, **herzförmiger** Farn kommt durch die warme Ausstrahlung des kleinen **Terrakottagefäßes** wunderbar zur Geltung.

MEDITERRANE ERINNERUNGEN

Kräftig orangefarbene Terrakotta erinnert mich an Urlaube in Spanien und Griechenland – ein Blick auf den satten Ton des Terrakottatopfs befördert einen augenblicklich in südliche Regionen, wo einem die Sonne ins Gesicht scheint. Dieser erstaunliche, kugelartige Topf ergibt ein herrliches Gefäß für eine *Hemionitis arifolia,* eine glänzende Grünpflanze mit herzförmigen Blättern. Sie wird etwa 15 cm hoch und ist somit auch eine ideale Terrariumpflanze, braucht aber einen schattigen Ort und ein gut durchlässiges Topfsubstrat.

FARBTUPFER

Leuchtfarben überraschen und wirken in moderner Umgebung frisch. Ein unerwarteter Farbtupfer belebt automatisch jedes Interieur – und eignet sich perfekt für ein in weißen Tönen gehaltenes Zuhause. Ich wählte hier zwei stabile runde Töpfe aus Zink und malte mit einer Leuchtfarbe am oberen Rand akkurat einen Streifen auf. Dann suchte ich zwei grüne Sukkulenten aus, *Aeonium urbicum* 'Dinner Plate' und *Crassula,* und pflanzte sie jeweils in die Topfmitte – ein simpler und schnell gemachter Hingucker, aber einer, der sowohl durch Stil als auch durch Farbe besticht.

Mir gefällt das Einfache an dieser Idee. Verschiedene Formen im gleichen Farbton miteinander zu kombinieren, bringt die Pflanzen besonders gut zur Geltung. In dieser Zusammenstellung ist neben den ungewöhnlichen Strukturen und Formen vor allem der Gegensatz zwischen dem frischen Grün der Pflanzen und der leuchtenden Farbe auf den Töpfen interessant. Ich finde, das Ganze ist eine wahre Wohltat für die Augen.

Mit etwas Farbe auf den Blumentöpfen lassen sich Pflanzenarrangements verblüffend einfach in Hingucker verwandeln.

FRANZÖSISCHER KRÄUTERGARTEN

Gibt es etwas Besseres und Dankbareres, als selbst gekochte Gerichte mit frisch gepflückten Kräutern wie Rosmarin oder Thymian zu verfeinern, die man auch noch selbst gezogen hat?

Verwenden Sie beim Kochen in Zukunft frische Kräuter. Denn was könnte befriedigender sein, als zum Rosmarintopf hinüberzugreifen und einige Zweige für den Sonntagslammbraten zu pflücken?

In vielen Städten haben die Menschen meist weder einen Garten noch sonst einen Platz im Freien, weshalb sie ihre Balkone und Innenräume so gut wie nur möglich nutzen. Schlendert man durch die Straßen von Paris und blickt nach oben, fallen einem die vielen Fensterkästen und üppig bepflanzten Balkone auf. Die Bewohner lieben es, Kräuter, Obst und Gemüse selbst zu kultivieren und diese beim Kochen zu verwenden – und lassen sich dabei selbst von einem fehlenden Außenbereich nicht aufhalten. Ich fand diese französische Weinkiste auf einem Antiquitätenmarkt und mir gefiel besonders die Beschriftung: Mondot Saint-Émilion – wie man mir sagte, ein erlesener Tropfen! Die rustikal wirkende Kiste ist ideal für Kräuter und lässt einen malerischen kleinen französischen Kräutergarten entstehen. Man kann in vielen Gebrauchtwaren- und Antikläden Holzkisten entdecken, manchmal irgendwo in einer Ecke voll mit anderen Dingen; meist sind sie preiswert oder man kann mit dem Verkäufer handeln!

Der kompakte Thymianstrauch sieht in der Kiste einfach großartig aus. Thymian kann in Innenräumen gut kultiviert werden – er braucht nur eine helle Fensterbank und ein bisschen Pflege und Aufmerksamkeit. Der würzige Duft und intensive Geschmack des Rosmarins ist köstlich und kann für viele Gerichte verwendet werden. Rosmarin ist einfach zu kultivieren und schätzt als mediterrane Pflanze einen sonnigen Platz. Und zum Schluss Lavendel: Er ist eine perfekte Begleitpflanze sowohl für Rosmarin als auch Thymian. Seinen schönen Blüten und dem ebenfalls herrlichem Duft kann man sich kaum entziehen. Speisen gibt er ein zartes Aroma, das besonders leichte Desserts wunderbar abrundet.

Limettengrün, Lodengrün und Chartreusegrün – die Grünskala rückt die wunderbare Zartheit und Vielfalt dieser kleinblättrigen Pflanze ins Blickfeld.

GRÜNER REGENBOGEN

Die leuchtenden Farben dieser anmutigen grünen Pflanzen, *Soleirolia soleirolii,* beleben sofort jeden Innenraum. Nebeneinander arrangiert, wirken die unterschiedlichen Nuancen wie eine kleine Grünskala; dafür reichen bereits jeweils zwei der buschigen Minipflanzen. In einer Holzkiste sehen sie dekorativ rustikal aus, und die hellen Kieselsteine als Abdeckung unterstreichen diesen Stil. Das goldfarbene Band am oberen Rand der Kiste ist ebenfalls reizvoll; das verblasste Bild von französischen Feldern auf dieser Holzkiste verleiht dem Arrangement zusätzlichen Charme und erzählt eine Geschichte.

Alle Formen von *Soleirolia soleirolii,* die im Freien gern als Beetpflanze verwendet wird, wachsen in Innenräumen gut und sind einfach zu pflegen. Man muss sie nur im Sommer regelmäßig gießen (im Winter nicht mehr so häufig) und durch Stutzen ihre büschelige runde Form erhalten.

Ein Terrarium mit herrlichem Tropenflair – und einem knallrosa Farbtupfer, der seine Schlichtheit noch besser in Szene setzt.

WENIGER IST DEFINITIV MEHR

Bauchige Glasflaschen ergeben veritable Terrarien und sind leicht auf Flohmärkten zu erstehen. Bei diesem hier habe ich mich für einen schlichten Stil entschieden und darum nur wenige Pflanzen verwendet. Die Blätter des Farns, *Biophytum sensitivum*, nehmen fast den gesamten Platz ein und ihre Farbe ähnelt dem helleren Grün des Mooses. Diese Pflanzen bevorzugen feuchtes, gut durchlässiges Topfsubstrat und einen weder zu dunklen noch zu hellen Platz.

Manchmal ist weniger definitiv mehr, und obwohl noch Platz für weitere Pflanzen gewesen wäre, wollte ich das Terrarium so schlicht wie möglich halten. Ich fand einige alte Mosaikkacheln und zerbrach sie vorsichtig in kleine Stücke – ich finde, das Kobaltblau des Mosaiks unterstreicht diesen Stil noch. Der winzige Terrakottakrug mit ein paar pinkfarbenen Blüten aus dem Garten erinnert mich an einen alten marokkanischen Kochtopf und rundet das Arrangement perfekt ab.

TEA TIME

Dieses schmale Glasterrarium ist simpel, aber wirkungsvoll; Flaschen, Vasen und Karaffen wie diese hier sind überall erhältlich und können mit etwas Fantasie und Geschick in etwas Interessantes verwandelt werden. Für dieses Terrarium brauchte ich eine kleine Pflanze, und die kleinen, zarten Blätter des sukkulenten *Senecio rowleyanus* 'String of Pearls' eignen sich hierfür hervorragend. In etwas grünes Moos gepflanzt, wird die Sukkulente zu einem Blickfang. Ich legte zusätzlich einige Porzellanstücke in Miniaturgröße vorsichtig in das Gefäß. Ich finde, dadurch entsteht ein beruhigender Anblick, der mich an einen entspannenden Nachmittagstee erinnert.

Ein blau-weißes Teeservice zieht in diesem Terrarium aus einem ungewöhnlichen Dekantiergefäß alle Blicke auf sich.

EIN SOMMER-TRAUM

Blumensträuße zusammenzustellen wird oft als biederes und altmodisches Hobby angesehen. Doch seit einiger Zeit erfährt es eine bemerkenswerte Wiederbelebung: Die trendigen Blumenarrangements bestehen inzwischen eher aus Kombinationen von Wildblumen, die sich erheblich von den herkömmlichen kommerziellen Blumen unterscheiden. Dieser üppige Strauß, der unter anderem Rosen, Pfingstrosen, Rittersporn, *Salvia farinacea*, *Chamelaucium uncinatum* und *Brodiaea* umfasst, leuchtet farbenfroh und hat mit dem weißen Milchkrug das perfekte Gefäß. Die aufregende Mischung aus Farben und Blättern ergibt einen reizvollen Kontrast zu den hellen Tönen der offenen Küche. Blumen zusammenzustellen ist ein herrlicher Zeitvertreib; ich liebe es, einen Nachmittag mit dem Arrangieren meiner Lieblingsblumen zu verbringen – das ist kreativ, bereichernd und wohltuend.

Eine Fülle unterschiedlicher **Strukturen** – glatte, glänzende Blätter, zerzauste **Moose** und feingliedrige **Sukkulenten** – erzeugen eine Welt von dezenter **Schönheit**.

ZEIT ZUM NACHDENKEN

Zimmerpflanzen sind in vielerlei Hinsicht nützlich: Mit ihrer Lebendigkeit und schönen Aussehen bereichern sie jedes Zuhause und sorgen darüber hinaus für zusätzlichen Sauerstoff. Sie können so charakteristisch sein, dass sie einem Raum einen ganz speziellen Touch verleihen, den man mit keiner anderen Dekoration erreicht. Dieser zarte Drahtkorb ist eines meiner Lieblingsarrangements. Er eignet sich besonders gut für ein Heimbüro oder eine Leseecke, sieht aber auch neben einem gemütlichen Ledersessel wunderbar aus. Das Torfmoos – ich benutzte hier *Spaghnum* – ragt zwischen den Drähten hervor und trumpft mit seinem anmutigen saftigen Grün auf; Torfmoose wirken leicht zerrupft und sehen daher auch etwas urtümlich aus. Die hohe, dunkelgrüne Pflanze, die sich aus der Moosmitte erhebt, *Castanospermum australe,* ist sehr imposant, besonders wenn das Gefäß auf einem alten Beistelltisch oder auf einem Sideboard platziert wird. Die Sukkulente zu Füßen der Hauptpflanze ist Fetthenne (*Sedum rubrotinctum*). Dieses kleine Gefäß belebt eine öde Nische sofort. Ich habe es mit einer Kunststofffolie ausgekleidet, damit kein Wasser austritt, aber man kann stattdessen auch eine Plastikschale benutzen.

Vom **Pflaumenblau** der Kalla bis zum **Fuchsienrot** der Dahlien – sinnliche Violetttöne ergeben ein **prächtiges** Farbenspiel.

SATTES VIOLETT

Das Dunkelgrau dieses Terrakottatopfs macht ihn zu einem idealen Partner für die überraschend leuchtenden Blumen im Raum. Für diesen Effekt malte ich den Topf mit seidenmattem Lack in meinem Lieblingsfarbton, einem satten Dunkelgrau an. Als Bepflanzung wählte ich eine Kalla (*Zantedeschia* 'Picasso') und *Dahlia* 'Violet'. Dieses Arrangement soll jedoch nicht nur Dekoration sein, sondern auch dazu einladen, sich als Indoor-Gärtner zu betätigen und sich den Blättern und Blüten zu widmen. Der gewitterwolkengraue Topf akzentuiert die Blüten ganz besonders und eignet sich deshalb hervorragend für einen tristen Fleck.

LOST IN TOKYO

Manchmal kann Kleines besser sein. Das Schöne an Zimmerpflanzen ist, dass man mit ihnen zu Hause eine leere Stelle ausfüllen oder einem geliebten Ensemble aus Bildern und Objekten etwas Grün hinzufügen kann. Diese Gruppe aus kleinen, ganz unterschiedlichen asiatischen Pflanzen sieht neben ein paar leeren alten Flaschen und einem leuchtenden Buchstaben ausgezeichnet aus.

Bonsais gelten oft als etwas überholte Zimmerpflanzen, doch in einem einfachen Arrangement wie diesem wirken sie frisch und modern. Dieses Exemplar heißt *Serissa foetida.* Bonsaibäume gehören zu den ältesten Pflanzen der Welt, denen sich schon Generationen von chinesischen und dann japanischen Gärtnern widmeten. Im Westen wurden sie vor allem mit dem Aufkommen von Fernreisen zunehmend beliebt, und bald schon schmückten sie Wohnungen und Häuser. Ihr schlichter Stil lässt sie auch in Interieurs des 21. Jahrhunderts wieder glänzen. (Pflegetipps für Bonsais: Seite 202)

Neben dem Bonsai befindet sich eine *Dracaena sanderiana.* Dieser sogenannte Glücksbambus wächst ohne Topfsubstrat in wenig Wasser. Er mag einen nicht zu hellen Platz, gern auch mit indirektem Licht; direkte Sonne sollte vermieden werden, da sie die Blätter versengt. Das Wasser in der Vase muss man alle sieben bis zehn Tage erneuern, und alle drei bis vier Wochen tut ihm eine Düngung mit löslichem Flüssigdünger gut.

EIN HAUCH VON PRACHT

Orchideen sind die elegantesten aller Blumen: Sie sind Zeichen der Liebe, Schönheit, Stärke und des Luxus. Hier präsentieren die hohen grazilen Blütenstände eine reizvolle Mischung aus Farben und Mustern. Auch wenn Orchideen häufig weiße Blüten haben, entschied ich mich für verschiedene *Phalaenopsis* mit farbenprächtigen Blüten, um mit ihnen eine traumhaft schöne Komposition zu kreieren. Für diese eleganten Blüten wählte ich gräulich-mauvefarbene Keramiktöpfe, wodurch ein ausgezeichneter Kontrast zu der herrlich abgenutzten handbemalten Tapete entstand, die das Arrangement einrahmt. (Pflegetipps für Orchideen: Seite 203)

Nichts verleiht Ihrem Zuhause mehr Eleganz und Exklusivität als die eindrucksvolle Schönheit von Orchideenblüten.

EIN LEBENDIGER SCHIRM

Alte Industriebehälter sind die idealen Gefäße für ein großes Pflanzenarrangement. Mit einer ausrangierten Stahlwanne oder einem großen Blechkasten lässt sich ein kühler, sachlicher Stil verwirklichen, wie er in Großstädten so modern ist. Ich entdeckte dieses außergewöhnliche Gefäß auf meinem Lieblings-Antiquitätenmarkt, und ich glaube, dass es eigentlich aus den USA stammt. Insider erscheinen meist zu früher Stunde und sichern sich damit die besten Fundstücke und Preise. Durch nette Gespräche mit einigen Verkäufern kam ich an mehrere solcher Behälter, die ich als Pflanzgefäße zweckentfremdete. Es ist wichtig, dass man Behälter wie diese zuerst einmal gut reinigt und mit einer dicken Dränageschicht ausstattet (bohren Sie jedoch keine Löcher in den Boden, außer das Gefäß wird ins Freie gestellt). Die üppige grüne Pflanze ist eine *Howea forsteriana,* deren hohe Statur einen soliden Behälter erfordert. Ich rundete das Arrangement mit einer dekorativen Abdeckung aus hellen Strandkieseln ab. Hier fungiert die Pflanze auch als Raumteiler: Die grüne Wand lässt in einer Ecke des Wohnzimmers ein kleines Homeoffice entstehen.

Umgeben Sie sich mit der Blätterwelt hoch wachsender Palmen – in Pflanzgefäßen im Industrielook, der perfekt zu einem Homeoffice passt.

ECHO DES MEERES

Bewahren Sie sich schöne Erinnerungen an Ferien am Meer, indem Sie sie in dekorativen Einmachgläsern konservieren.

Diese drei alten Einmachgläser eignen sich hervorragend für eine Küchendekoration. Terrariengefäße brauchen nicht unbedingt teuer zu sein, denn die Pflanzen müssen ja nicht zwangsläufig in historischen Behältern oder extra angefertigten Terrarien untergebracht werden. Tatsächlich macht es mehr Spaß, unkonventionell und fantasievoll vorzugehen. Deshalb: Schauen Sie sich auf Trödelmärkten und in Antikgeschäften um, besuchen Sie Blumenmärkte oder inspizieren Sie doch einfach mal Ihr Zuhause – gibt es da nicht Gläser, Krüge oder Vasen, die Sie nicht wegwerfen wollten, auch wenn Sie nie eine Verwendung für sie fanden?

Diese herrlichen alten Einmachgläser entdeckte ich während eines Aufenthalts in Amerika; *Mason Jars* wurden von John Landis Mason Mitte des 19. Jahrhunderts entwickelt, und diese hier stammen aus den 20er- und 30er-Jahren des vergangenen Jahrhunderts. Als ich sie sah, war mir sofort klar, dass sie sich in meiner Küche großartig machen würden. Zunächst wollte ich sie für etwas anderes verwenden, doch der Gedanke, in den gebrauchten Gläsern Essbares aufzubewahren, behagte mir nicht, weshalb ich sie zu einem originellen Pflanzenensemble umfunktionierte.

Als ich die Gläser entdeckte, machte ich gerade Urlaub an der Küste. Dieses Ferienfeeling bewahre ich mir, indem ich als Unterlage für die Pflanzen goldfarbenen Sand verwende und mich dabei an die Strandspaziergänge erinnere. Sukkulenten gedeihen sehr gut in Sand; geben Sie einfach ein, zwei Löffel Topfsubstrat für Sukkulenten auf den Glasboden und verteilen Sie dann den Sand darauf und ringsum an der Wand, damit man das Substrat nicht mehr sieht. Ich benutzte für alle drei Gläser Echte Rentierflechte und suchte verschiedene glänzende Sukkulenten aus, darunter das Dickblatt *Crassula ovata*, das zu meinen Favoriten zählt. Andere geeignete Sukkulenten sind: *Schlumbergera* (Weihnachtskaktus), *Sempervivum tectorum* (Dach-Hauswurz) und *Kalanchoe tomentosa*. Nehmen Sie sich die Zeit herauszufinden, welche von Ihren bevorzugten Sukkulenten farbenmäßig am besten in Ihre Küche passen. Wässern Sie die Sukkulenten nur sparsam.

EIN ZÜNDENDER FUNKE

Für dieses Arrangement wurde ich zur Heimwerkerin und funktionierte alte Glühlampen um. Nach dem Besuch einer Kunstausstellung in Stockholm, auf der ich einige leere Glühbirnen in einem verblüffenden Arrangement entdeckte, hatte ich einen Geistesblitz. Die nackten und technisch wirkenden Glühbirnen waren wie geschaffen für moderne Miniterrarien; zudem bilden sie einen Kontrast zu den natürlichen Elementen in dem Arrangement. Es gibt verschiedene Möglichkeiten, die Glühbirnen in Miniterrarien zu verwandeln; die Techniken hierfür kann man im Internet finden. Es ist zwar etwas mühsam, aber die Mühe lohnt sich. Für einen sicheren Stand klebte ich an den »Boden« jeder Glühbirne einen Dichtungsring.

Die Glühbirnen sind wunderbare Vasen für Schnittblumen und Zweige wie dieser hier vom weißen Gewöhnlichen Flieder (*Syringa vulgaris*). Ich habe außerdem weiße Rosen verwendet, eine panaschierte (gemusterte) Form von *Schefflera* und *Ficus benjamina*. Bei der Pflanzenwahl muss man es nicht so genau nehmen, es eignet sich eigentlich alles aus dem Garten, sofern es blüht und dekorativ aussieht. Man sollte nur eine Mischung zusammenstellen, die man gerne ansieht. Der Industrielook der Glühbirnen ergibt einen guten Kontrast zu allzu hübschen Pflanzen und Blüten. Ein wirkungsvoller Effekt entsteht auch, indem man die Größen der Glühbirnen und der Schnittblumen sowie Zweige untereinander variiert.

Ein origineller und **witziger** Einsatz von gebrauchten **Glühbirnen**: als Vase für Zweige und Blumen aus dem Garten holen sie die **Jahreszeiten** ins Haus.

FUNDSTÜCKE

MOOS IM KAMIN

Als ich eines Tages in London die Hauptstraße von Hampstead entlangging, fiel mein Blick auf das Schaufenster einer der Läden: Auf einem dichten Moosteppich waren unter Glashauben Schuhe ausgestellt. Das brachte mich auf die Idee, eine solche Szene zu Hause nachzuempfinden. Zimmerpflanzen müssen nicht in traditionellen Gefäßen kultiviert werden, und themenbezogene Kompositionen zu kreieren, kann viel Spaß machen. Ich mag dieses ausgefallene Arrangement, da es ein wahrer Blickfang ist, der mich an eine geheimnisvolle Waldlandschaft erinnert. Auf diese Weise könnten Sie auch Ihre Zimmerpflanzen großartig zur Geltung bringen, etwa wenn Sie Freunde zum Essen einladen, oder auch einfach nur, um sich selbst daran zu erfreuen!

Für diese Szene habe ich einen dichten Teppich aus Moosstücken, Echter Rentierflechte und *Hypnum* ausgelegt, zwischen denen ich dann Sukkulenten verteilte, um der Komposition zusätzliche Struktur zu verleihen. Hier nahm ich eine ganze Reihe von Sukkulenten, darunter *Sempervivum tectorum*, *Echeveria elegans*, *Anacampseros rufescens*, *Jovibarba globifera* subsp. *hirta* 'Andreas Smits' und *Echeveria* 'Imbricata', aber genauso können Sie auch andere verwenden. Die Treibholzstücke vermitteln ein herrliches Gefühl der Naturverbundenheit, und Muscheln und weitere Moospolster unterstreichen dieses Flair. Der Kamin ist der ideale Platz für dieses Arrangement, während die Glashauben mit den winzigen, mit Moos gefüllten Terrakottatöpfen darunter einen Hauch von Illusion und Rätselhaftigkeit entstehen lassen, indem sie suggerieren, man könne vielleicht verborgene Schätze entdecken.

Ich fügte auch drei verschiedene Farne hinzu: den robusten Schellenbaumfarn *Dryopteris filix-mas* 'Linearis Polydactyla' und eine *Adiantum*-Art, die ich beide in den Moosteppich pflanzte; *Cheilanthes lanosa* platzierte ich dagegen in den Kamin. Diese Farne sorgen für Höhe und wecken die Assoziation an einen Wald – Struktur ist in dieser Komposition besonders wichtig. Farne zählen zu den ältesten Pflanzen und es gibt Tausende verschiedener Formen. Als Zimmerpflanzen wird besonders ihre Fähigkeit, Luft zu reinigen, geschätzt. Diesem Arrangement verleihen sie eine *Jurassic-Park*-Atmosphäre. Es gibt zahllose Möglichkeiten, diese Szene auszuschmücken – lassen Sie Ihrer Fantasie also freien Lauf und gestalten Sie Ihren eigenen geheimen Garten.

Bedenken Sie bitte, dass diese Miniaturlandschaft nicht für immer gedacht ist. Doch wenn Sie sich einige Monate daran erfreuen möchten, können Sie das Moos in flache Schalen setzen, sodass es regelmäßig Wasser erhält.

LEBENDE BILDER

Bei diesem Arrangement wollte ich mir einen kleinen Spaß erlauben und die Pflanzung in eine Kunstform verwandeln. Es gibt mehrere Möglichkeiten, dieses Arrangement zu verwirklichen. Wenn Sie nur wenig Zeit haben, dann ist es am einfachsten, sich einige Buchstaben auszudrucken und mit einer Heißklebepistole Moosstückchen draufzukleben (das Moos wird dadurch nicht beschädigt, da es an der Basis abgestorben ist). Ich habe als Hintergrund für meine Buchstaben eine Hartfaserplatte benutzt, die ich weiß gestrichen habe.

Die andere Möglichkeit dauert zwar etwas länger – bis zu drei Monate –, eignet sich aber wunderbar, um Kinder in den Sommerferien zu beschäftigen. Als Erstes muss man etwa drei Tassen Moos sammeln, das überall wächst: an Garagen, Mauern und auf Gehwegpflaster. Danach kommt der vergnügliche Teil: Einen Küchenmixer mit etwas Moos und einer Tasse wasserspeicherndem Granulat aus dem Gartencenter füllen. Folgen Sie der Anleitung auf der Packung und geben Sie so viel Wasser hinzu, dass das Granulat geleeartig wird. Dann eine halbe Tasse Bier (Starkbier) und zwei Tassen Wasser in den Mixbehälter geben. Den Mixer so lange laufen lassen, bis die Masse die Konsistenz von Guacamole hat. Danach nicht vergessen, den Mixer sorgfältig zu sterilisieren.

Anschließend nimmt man ein Stück Hartfaserplatte – oder ein anderes Objekt, das man dekorieren möchte – und malt mit der Masse die gewünschten Formen, Buchstaben oder Muster auf. Die Platte oder das Objekt muss dann an einem schattigen Platz im Freien ruhen. Das Moos sollte, bis es die erforderliche Größe erreicht hat, täglich gewässert werden.

Ich liebe dieses Projekt sehr, denn es ist faszinierend zuzusehen, wie das Moos sich entwickelt, und es fesselt auch das Interesse von Kindern.

HÄNGENDE GÄRTEN

Die Idee, Pflanzen in Räumen aufzuhängen, gefällt mir ganz besonders, da man dabei die Fantasie und Kreativität herrlich spielen lassen kann. Ein hängendes Arrangement ist in vielerlei Hinsicht auch eine Art Kunstwerk, denn man schafft damit einen verblüffenden Blickfang im eigenen Zuhause. Ich verwende in diesem Kapitel eine Reihe von hängenden Objekten, von Topfhaltern aus Makramee bis zu Blumenampeln aus Metall – dem Aufhängen von Pflanzen sind wirklich keine Grenzen gesetzt. Zwei meiner Lieblingsprojekte bestehen im Grunde aus einfachen Bilderrahmen: der eine beherbergt eine Auswahl von Moosen und Sukkulenten, der andere ist ein pinkfarbener Rahmen, der Luftpflanzen gekonnt in Szene setzt und den man ganz einfach selbst bauen kann.

3

Luftpflanzen

Tillandsia ist eine Pflanzengattung mit etwa 540 Arten immergrüner, ausdauernder, blühender Luftpflanzen der Familie der *Bromeliaceae*. Sie sind in den Wäldern, Bergen und Wüsten Mittel- und Südamerikas, den südlichen USA und den Karibischen Inseln heimisch.

Die Gattung *Tillandsia* wurde von dem schwedischen Botaniker, Arzt und Zoologen Carl von Linné (1707–1778) benannt, der die Grundlagen für die Benennung in der Biologie, die sogenannte binäre Nomenklatur, geschaffen hat. Er wird als der Vater der modernen botanischen und zoologischen Taxonomie betrachtet und auch als einer der Begründer der modernen Ökologie. Linné benannte die Luftpflanzen nach dem schwedischen Arzt und Botaniker Dr. Elias Tillandz (1640–1693), der in Finnland lebte und das erste botanische Werk dieses Landes verfasst hat. Tillandz bereitete als Arzt auch Arzneimittel für seine Patienten zu, wobei er auf seine umfangreichen Pflanzenkenntnisse zurückgriff.

Die meisten Luftpflanzen sind Epiphyten, die Wasser und Nährstoffe zum Leben nicht aus der Erde, sondern aus der Luft aufnehmen. Obgleich die meisten Tillandsien Epiphyten sind, können einige terrestrisch in Bromeliensubstrat kultiviert werden. Zu den Epiphyten zählen zudem viele Flechten und Moose sowie 10 Prozent aller Samenpflanzen und Farne, aber auch die Hälfte aller Orchideenarten. Diese Epiphyten sind keine Schmarotzerpflanzen wie etwa die Mistel, die ihrem Wirtsbaum Nährstoffe »stiehlt«.

Luftpflanzen wachsen auf anderen Pflanzen oder sonstigen Untergründen. Mithilfe ihrer Blätter absorbieren sie aus der Luftfeuchtigkeit, dem Regenwasser oder Tau Wasser und Nährstoffe. Dünnblättrige Luftpflanzen leben in regenreichen Regionen, während diejenigen mit dickeren Blättern in eher trockeneren Gegenden wachsen. Die bekanntesten Arten sind *Tillandsia usneoides* und *T. recurvata.* Tillandsien benötigen sehr helles, indirektes Licht, um in Innenräumen optimal zu gedeihen.

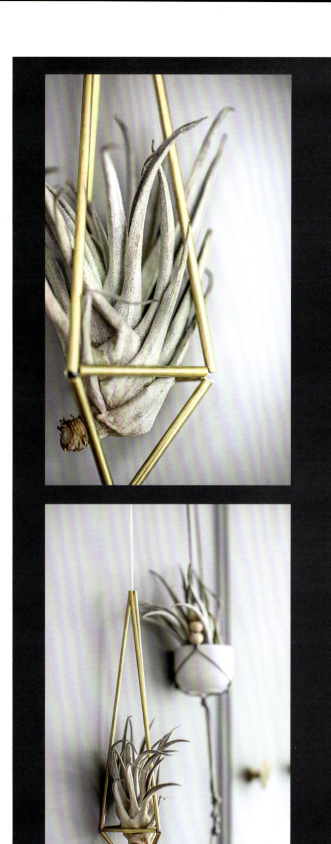

DIE HÄNGENDEN GÄRTEN VON BABYLON

Gefüllt mit grün-weiß gemusterten Blättern und hellblauen Blumen sind diese Pflanzgefäße eine wunderbare Möglichkeit, den Essbereich zu verschönern.

Mit hängenden Pflanzgefäßen lassen sich Zimmerpflanzen wunderbar in Szene setzen, insbesondere wenn man nicht viel Platz hat. Sie sind nicht nur ein großartiger Blickfang, vor allem über einem Tisch oder einer Küchenarbeitsplatte, sondern eignen sich hervorragend für Kräuter und andere essbare Pflanzen. Die Kanthölzer dieser Behälter wirken so glatt und sauber, dass sie in ihrer Einfachheit fast an die japanische Ästhetik erinnern. Sie lenken nicht von der Tischdekoration ab und unterstreichen darüber hinaus die klaren Linien der Kücheneinrichtung. Die Pflanzen, *Solenostemon scutellarioides* 'Wizard Jade' und Kleines Immergrün (*Vinca minor* 'Variegata'), wurden zuerst in Kunststofftöpfe gepflanzt und dann erst in die Holzbehälter gestellt.

Ganz besonders mag ich es, Zimmerpflanzen an einen ungewöhnlichen Platz zu stellen oder sonst übliche Küchengegenstände durch sie zu ersetzen. Zum Beispiel würde man über dem Esstisch zwei Hängelampen erwarten – doch stattdessen habe ich diese Blumenampeln angebracht.

Das Schöne daran ist außerdem, dass man die Pflanzen den Jahreszeiten entsprechend austauschen und den Stil oder die Wirkung dem Anlass des Essens anpassen kann.

HÜBSCH IN PINK

Ich liebe einfach dieses Pink – die Farbe strahlt und leuchtet derart, dass man automatisch auf das Arrangement aufmerksam wird. Außerdem bildet sie zu den dunkelgrauen Wänden dahinter einen hervorragenden Kontrast. Ich habe mich hier für eine Reihe verschiedener Luftpflanzen der Gattung *Tillandsia* entschieden. Luftpflanzen faszinieren mich; sie werden zwar kaum verwendet und insgesamt oft als trockene, hässliche Pflanzen über einen Kamm geschoren, doch ich finde, dass sie in Kombination mit der leuchtenden Farbe des Rahmens großartig aussehen. Sie brauchen so gut wie kein Wasser und hängen selbstgenügsam vor der Wand. Man sollte nur nicht vergessen, sie einmal in der Woche mit Wasser zu besprühen. Ich habe die Luftpflanzen mit einer Heißklebepistole an den Drähten befestigt. Der Rahmen ist ganz einfach zu bauen: ringsum Löcher bohren und den Draht durchziehen. (Tipps zur Kultivierung und Pflege von Luftpflanzen: Seite 179)

> Luftpflanzen faszinieren mich; ich finde, dass sie in Kombination mit der leuchtenden Farbe des Rahmens großartig aussehen.

Wie herrlich ist es aufzuwachen und den Blick auf **hübsche** Blätter werfen zu können, die über den Rand des **hängenden** Glasgefäßes ranken.

HÄNGENDE TRIEBE

Blumenampeln können manchmal bieder und überladen wirken – oft werden zu viele Pflanzen zu dicht in einen zu kleinen und nicht selten hässlichen Behälter gesetzt. Doch dieses metallgefasste Glasgefäß ist die Ausnahme von der Regel, da es sowohl hübsch als auch einfach ist – ideal für ein elegantes Schlafzimmer oder vielleicht als Dekoration über einer Treppe. Die zarten, glänzenden Blätter der Pflanze neigen sich über den Gefäßrand und geben dem Arrangement einen ungezwungenen, aber aufgeräumten Touch; ich wählte hier *Pellaea rotundifolia*, einen kleinen, niedrig wachsenden Farn, der einfach zu pflegen und mit seinen kleinen, runden Fiederblättchen unverwechselbar ist.

Sie brauchen nicht viel, um einen reizvollen grünen Anblick zu gestalten – nur etwas *Einfallsreichtum.* Die üppigen Violett- und *Grüntöne* der aus den Flaschen hervorquellenden Pflanzen wirken in der *Küche* richtig gut.

HÄNGENDE FLASCHEN

Für dieses fantasievolle Projekt wählte ich ein Trio aus grünen Weinflaschen. Alte Gefäße neuen Zwecken zuzuführen, ist eine wunderbare Art der Wiederverwertung und ermöglicht es zugleich, mit kleinem Budget in großem Stil zu gärtnern. Man braucht nicht viel, um einen reizvollen grünen Anblick zu gestalten – nur etwas Einfallsreichtum. (Bauen und Bepflanzen von Flaschenampeln: Seite 181)

Die üppigen Violett- und Grüntöne der aus den Flaschen hervorquellenden Pflanzen wirken in der Küche richtig gut. Sie sehen zwar vor jedem Fenster großartig aus, aber vor diesem Fenster mit Stahlrahmen, ein hübsches Detail der Vorratskammer, kommen sie natürlich besonders gut zur Geltung. Die Pflanzen darin sind *Begonia foliosa, Hatiora salicornioides* und *Ficus benjamina*.

Als Kind habe ich immer den ganzen Sommer über **Früchte gepflückt** – sie zählten zu meinen liebsten Naschereien. Mit diesem Arrangement wollte ich etwas von diesem **Outdoor-Vergnügen** nachempfinden, indem ich kleine Himbeer- und Kiwisträucher vor die offenen Küchentüren hängte.

HÄNGENDER OBSTGARTEN

Hängende Gärten sind momentan sehr in Mode. Sie nutzen nicht nur jeden Platz optimal aus, sondern sind auch eine stilvolle Art der Pflanzenpräsentation. Und sie bieten die Möglichkeit, einen eigenen kleinen Garten zu gestalten.

Mit etwas Gartenzwirn, Moos *(Hypnum)* und Topfsubstrat bastelte ich für die Wurzeln der fröhlichen kleinen Himbeer- und Kiwisträucher ein Zuhause: Für jede Pflanze ein Stück Moos vorsichtig auf einer ebenen Oberfläche auslegen und darauf etwas Substrat aufhäufen. Dann die Pflanze auf das Substrat setzen, das Moos um die Wurzeln schlagen und mit Zwirn befestigen. Der hängende Garten muss regelmäßig gewässert werden – ich wende die Tauchbad-Methode an, jeden Tag 10 Minuten lang (siehe Seite 193).

EINE KREATIVE WAND

Tillandsien sind Luftpflanzen und äußerst ungewöhnlich – aber trotzdem erstaunlich einfach zu pflegen. Und das, obwohl sie ganz anders aussehen als die leuchtend grünen Pflanzen, wie wir sie normalerweise zu Hause kultivieren. Luftpflanzen könnten abgelegen an ausgefallenen Plätzen kultiviert werden – sogar an anderen Pflanzen, Gegenständen wie Drähten und selbst an einer Hauswand. Viele Menschen finden Luftpflanzen eher merkwürdig, doch wenn Sie experimentierfreudig sind, werden Sie feststellen, wie gut sie sich in moderne Räume integrieren.

Diese hängenden Objekte wirken vor der grauen Wand wirklich verblüffend. Die messingummantelte Hängevorrichtung, die die Luftpflanze so wunderbar beherbergt und den weißen Keramiktopf daneben akzentuiert, war ein Glücksgriff in einem Laden für Vintage-Wohnaccessoires. Dieses Arrangement eignet sich besonders gut für kahle Wände, die einen reizvollen Akzent brauchen. (Tipps zur Kultivierung und Pflege von Luftpflanzen: Seite 179)

Die grazilen Details und zarten Farbtöne der Luftpflanzen wie ihrer Halterungen bilden vor der kahlen Wand einen faszinierenden Blickfang.

Dem bezaubernd schönen **Metallgefäß** gelingt es hervorragend, den grün-weiß gemusterten Efeu in seiner vollen **Pracht** zu präsentieren.

HÄNGENDE HERRLICHKEIT

Bäder sind ideale Räume für Zimmerpflanzen, da es in ihnen meistens genügend Platz für ein dekoratives Arrangement gibt. Aber leider werden in Bädern nur allzu häufig langweilige künstliche Pflanzen aufgestellt. Bedenkt man es jedoch richtig, kann ein Bad für eine Zimmerpflanze der geeignetste Raum in der ganzen Wohnung sein. Tatsächlich sind die warmen – oft feuchten – Verhältnisse in einem hellen Bad besonders gut dafür geeignet, Pflanzen, ja sogar tropische, zu kultivieren.

Der hübsche Messingkessel an den Ketten ist mit moosunterpflanztem Gewöhnlichen Efeu *(Hedera helix)* gefüllt und stellt in dem entspannenden Badezimmer einen auffallenden Blickfang dar. Die glänzendgrünen Efeublätter, die sich über den Rand hinaus ausbreiten, leuchten vor den neutralen Farbtönen des Raums besonders intensiv. Wenn Sie in Ihrem Badezimmer Pflanzen aufstellen, ist es wichtig, dafür zu sorgen, dass sie nicht mit Badeprodukten, etwa aus Sprühdosen, in Berührung kommen, da diese die Fotosynthese beeinträchtigen können.

Lange, grazile Efeuranken bilden unter einem üppig grünen Farn einen prächtigen Wasserfall.

SCHWINDELFREI

Mit hängenden Arrangements kann man Zimmerpflanzen wunderbar in Szene setzen. Ob in einem Wohnzimmer, über einem langen Esstisch in der Küche oder in einer Diele – stets stellen sie einen großartigen Blickfang dar. Dieses Arrangement besteht aus üppig grünem, hängendem Efeu *(Hedera)* und dichtem Schwertfarn *(Nephrolepis exaltata* 'Bostoniensis'), beides eigentlich typische Freilandpflanzen.

Blumenampeln wecken sentimentale Erinnerungen an Landhäuschen, weiße Lattenzäune und eine mit Rosen umrankte Eingangstür. Doch diese großzügige Ampel ergibt einen herrlichen Kontrast zum zurückhaltenden weißen Interieur. Zuerst nahm ich eine Ampel und ersetzte die Kette durch eine längere aus dem Baumarkt, denn ich wollte einen stärkeren Hängeeffekt erzielen. Dann nahm ich die Kokosfasereinlage heraus und besprühte sie passend zum Schmiedeeisen schwarz. Normalerweise wässere ich die Ampel im Freien, wo ich sie lange untertauche und dann ablaufen lasse, damit der Fußboden im Zimmer keinen Schaden nimmt.

SCHWEBENDE SCHÖNHEIT

Man nimmt an, dass es sich bei Makramee um eine Knüpftechnik aus dem 13. Jahrhundert handelt. Damalige Webkünstler hatten mit überzähligen verknoteten Fäden und Garnen Schleier, Schals und Tücher mit dekorativen Fransen versehen. Matrosen übernahmen dann diese Technik und stellten Gegenstände her, während sie auf See waren, und so nahm Makramee seinen Weg in die Neue Welt. Makramee kam zwar in den 1970er-Jahren aus der Mode, ist inzwischen aber wieder sehr beliebt.

Die Kombination aus Terrakottatöpfen und farbenprächtigen Makramee-Halterungen ist eine stylishe Antwort auf den wiederbelebten Trend. Hier verwendete ich drei schlichte Terrakottatöpfe aus dem Gartencenter und drei Makramee-Topfhalter in leuchtenden Farben. Ich bepflanzte die Töpfe mit exotisch aussehender *Guzmania,* eine Pflanze aus der Familie der *Bromeliaceae.* Wenn möglich, sollten Sie diese Pflanzen nicht mit Leitungswasser gießen, sondern nur mit Regenwasser oder destilliertem Wasser und dabei eher ihre Mitte als das Topfsubstrat. Aufgehängt am Himmelbett, wirkt das Arrangement einfach fantastisch. Welch wunderschöner Anblick bietet sich da beim Aufwachen!

Mit seiner verblüffenden Kombination aus Farben und Strukturen ergibt dieses Moos-Bild an einer Gartenmauer einen atemberaubenden Blickfang.

MEISTERWERK AUS MOOS

Dieses Arrangement herzustellen, macht viel Spaß, und auch Kinder können sich daran beteiligen. Es spricht viel dafür, den Garten in eine Art grünes Zimmer zu verwandeln, das man ähnlich wie einen Innenraum dekorieren kann: ein Ort, an dem man sich zurückziehen und entspannen kann.

Dieses Projekt lässt sich einfach umsetzen und besteht aus einer rechteckigen Hartfaserplatte. Ich malte sie weiß an, aber Sie können auch jeden anderen Farbton wählen und sich dabei vielleicht von den Pflanzen der unmittelbaren Umgebung inspirieren lassen. Ich benutzte zwar einen seidenmatten Anstrich, doch Glanzlack wär besser geeignet, wenn das Objekt im Freien der Witterung ausgesetzt wird.

Nehmen Sie etwas Echte Rentierflechte – ich habe hier drei verschiedene Grüntöne verwendet; man könnte mit etwas Farbe aus der Sprühdose sogar einige Moosstücke unterschiedlich einfärben und so eine interessante Landschaft kreieren. Mit einer Heißklebepistole wird das Moos an der Platte befestigt, wobei die Anordnung ganz einem selber überlassen bleibt. Dieses Moos-Bild verleiht der schlichten Ziegelmauer einen opulenten Touch und hellt einen düsteren Wintertag unglaublich auf!

Erlauben Sie einer **Wand**, als lebendiges **Kunstwerk** im Mittelpunkt zu stehen – in einem gewagten Arrangement aus unterschiedlichsten Strukturen.

GERAHMTE BRILLANZ

Von diesem Arrangement werden Ihre Besucher garantiert begeistert sein! Die Idee ist ganz einfach, aber die Wirkung ist beeindruckend. Ich nahm drei Objekt-Bilderrahmen und füllte sie mit Moosstücken; da das Moos feucht bleiben muss, darf man nicht vergessen, es täglich zu besprühen. Dann griff ich zu diesem wunderbaren vergoldeten Rahmen, den ich auf einem Flohmarkt erstanden habe. Ich erinnerte mich an ihn, als ich mir Gedanken über die Komposition machte, und so holte ich ihn unter dem Bett hervor. Mir gefällt der Kontrast zwischen den einfachen modernen, weißen Rahmen und dem reich verzierten Goldrahmen.

Für den Goldrahmen muss man eine Kiste bauen, in der die sukkulenten *Sempervivum*-Pflanzen Platz finden. Hierfür sägt man einige Holzstücke entsprechend den Rahmenmaßen zu. Dann legt man zwischen Rahmenrückseite und Kiste ein Stück Hühnerdraht und befestigt ihn mit der Heißklebepistole; der Hühnerdraht hält die Sukkulenten. Die Kiste wird anschließend ungefähr 3 cm hoch mit Topfsubstrat gefüllt. Zum Schluss schiebt man die Pflanzen vorsichtig einzeln durch die Drahtmaschen und füllt so die gesamte Fläche des Bilderrahmens mit ihnen aus.

HÄNGENDE GÄRTEN

LEBENDIGER WANDGARTEN

Unter einer lebendigen oder »grünen« Wand versteht man eine teilweise oder vollständig mit Pflanzen bedeckte Wand, die über ein Wachstumsmedium wie Gartenerde verfügt. Die meisten »grünen« Wände sind mit einem integrierten Bewässerungssystem versehen. Aus diesem Grund können sie nicht nur schwierig zu unterhalten, sondern auch ziemlich kostspielig sein.

Doch um so eine faszinierend bepflanzte Wand für drinnen oder draußen zu erzielen, muss man nicht unbedingt solch aufwendige Technik bemühen. Ich habe mir stattdessen eine großartige Alternative ausgedacht und diese drei Wandhalter, die es überall in Gartengeschäften gibt, bepflanzt. Mit lebhaft gefärbten Blattpflanzen lässt sich so eine herrliche Szenerie kreieren.

Ich habe hierfür einige wunderschöne Exemplare von *Heuchera* 'Midnight Rose' ausgewählt, die einen ungewöhnlichen Kontrast zu den satten Grüntönen von *Adiantum* und dem robusten Schellenbaumfarn *Dryopteris filix-mas* 'Linearis Polydactyla' bilden. Diese Zusammenstellung ist optimal, und die Pflanzen werden mit der Zeit die Wandhalter vollständig verdecken und eine üppig überwucherte »grüne« Wand entstehen lassen.

VOR TÜR UND FENSTER

Mit Zimmerpflanzen kann man zwar ganz wunderbar ein wenig Grün ins eigene Heim holen. Aber was ist mit dem Platz unmittelbar vor der Haustür? Ich verwandle Gärten am liebsten in einen Raum im Freien. Und so widme ich mich in diesem Kapitel dem Dekorieren und Ausschmücken der vielen kleinen Plätze vor dem Haus oder einer Wohnung, den Fensterbänken und Eingangsbereichen, Balkonen und mit Mauern umgebenen Gärten.

Ich glaube, Sie werden viel Spaß dabei haben, die unmittelbare Umgebung Ihres Zuhauses zu verschönern.

4

Symbolisches Blattwerk

Blätter zählen zur üppigsten Zierde der natürlichen Landschaft. Meist in Form von Girlanden werden sie schon seit alters bei Feiern wie Hochzeiten, Taufen, traditionellen Zusammenkünften sowie volkstümlichen und religiösen Festen verwendet. Mit Blattwerk kann man Liebe und Zuneigung, Frieden und Achtung symbolisieren.

Blätter haben in vielen Kulturen eine tiefe symbolische Bedeutung. In China beispielsweise verkörpert der sogenannte Glücksbambus *(Dracaena sanderiana)* Wohlstand. Er findet oft im Feng-Shui Verwendung: Bei dieser chinesischen Gestaltungslehre werden Räume und Gebäude unter Berücksichtigung des Energieflusses angeordnet und die Welt als eine Interaktion der fünf Elemente Wasser, Feuer, Erde, Holz und Metall betrachtet. Mit seiner grünen Farbe und der schlanken, aufrechten Wuchsform weist der Glücksbambus die typischen Merkmale des Elements Holz auf. Holz bedeutet Wachstum und kann eingesetzt werden, um Wohlstand, Glück oder jede Art von positivem Resultat zu vermehren, »wachsen« zu lassen. Deshalb glaubt man, dass Glücksbambus, wo auch immer er steht, einen positiven Energiefluss begünstigt.

Die Blätter des Efeus *(Hedera)* stehen für eine starke und lang anhaltende Freundschaft, denn sie haben die Fähigkeit, selbst in den unwirtlichsten Umgebungen auf einer Oberfläche haften zu bleiben. Andere Pflan-

zen mit sinnbildlichen Blättern sind *Aloe*, die Heilung, Schutz und Zuneigung verkörpert, und Basilikum *(Ocimum basilicum)*, ein Symbol für gute Wünsche. Darüber hinaus können Farne Offenheit und Ehrlichkeit symbolisieren, Rosmarin *(Rosmarinus)* Erinnerung, Echte Kamille *(Matricaria recutita)* Geduld und Thymian *(Thymus)* Mut und Stärke.

Ein wunderbares Beispiel dafür, wie spektakulär Blätter sein können, ist das herbstliche Farbenschauspiel in Nordamerika, wenn etwa die Ahorne ihre leuchtenden, rot, orange, gelb und golden gefärbten Blätter präsentieren. Diese lodernde Schönheit kann zu Hause nachempfunden werden, indem man einen Ahorn in einem großen Pflanzgefäß direkt vor dem Haus platziert.

EIN TAG AUF DEM LAND

Dieses herrliche viktorianische Terrarium zählt zu meinen Favoriten, denn die grünen Glasscheiben und die Kupfereinfassung sehen zusammen einfach wunderbar aus. Ich bin richtig stolz, es auf einem meiner Streifzüge durch Antiquitätengeschäfte gefunden zu haben, und es bereitete mir sehr viel Freude, darin eine Szene zu gestalten. Ich dachte an einen sonnigen Sommernachmittag im Freien; die Miniaturgegenstände dafür erstand ich im Laden für Puppenstubenzubehör. Auch wenn die hübsche blassblaue *Campanula carpatica* sehr klein ist, sieht sie hier wie ein großer blühender Busch aus und weckt Assoziationen an einen englischen Garten auf dem Land. Als Liebhaberin von Topfgärten stellte ich außerdem einen Minitopf in das Terrarium: Die winzige blaue Blume in dem blauen Topf ist ein Gewöhnliches Sumpf-Vergissmeinnicht (*Myosotis scorpioides*).

SHOCKING PINK

Grau und Pink ist immer eine aufregende Farbkombination – Pink ist ein fröhlicher, lebhafter Farbton und Grau dagegen eine so klassische Farbe, dass sie zusammen Wunder bewirken können. Ich wählte diese herrlich leuchtenden Azaleen und wusste sofort, sie würden perfekt zu dem runden Zinktopf passen. Verwenden Sie ein Erikensubstrat, denn Azaleen mögen keine kalkhaltigen Erden; das heißt, sie wachsen in Substraten mit hohem pH-Wert, also alkalischen, nicht gut.

GELASSENE HEITERKEIT

Dieses gesprenkelte Pflanzgefäß fand ich in einem Laden für Wohnaccessoires in den Cotswolds, England. Es war ganz anders als all die anderen Töpfe und Pflanzbehälter meiner Sammlung. Normalerweise neige ich zu Zink oder einem anderen Metall, weshalb die Entscheidung für eine neue Farbe und Oberfläche eine ziemliche Abweichung war und einem Sinneswandel gleichkam. Dieser Topf wirkt so versonnen, insbesondere auf dem Holzdeck. Ich beschloss, ihn mit einem hübschen Australischer Taschenfarn (Dicksonia antarctica), zu bepflanzen, und beide sahen sofort so aus, als gehörten sie schon immer zusammen.

Gepflegt, raffiniert und **elegant** – diese Kombination aus verschiedenen **beschnittenen** Formschnittpflanzen wird Sie immer **charmant** zu Hause empfangen.

EINEN EINGANG GESTALTEN

Diese Eingangsgestaltung besteht aus einer großartigen Komposition aus Grünpflanzen und Metall. So mancher Garten sieht »geschniegelt und gestriegelt« aus oder ist zu überladen – aber das muss nicht sein! Dieser moderne, urban-nüchterne Stil bildet einen erstaunlichen Kontrast zum weißen Lattenzaun dahinter, der eher gemütlich ländlich wirkt. Die akkurat gestutzten Formschnittpflanzen – hier Gewöhnlicher Buchsbaum *(Buxus sempervirens)* – sehen in den Zinktöpfen und -eimern toll aus. Das aus verschiedenen Größen und Formen zusammengestellte Arrangement ergibt eine wunderbare Eingangssituation. Buchsbaum ist einfach zu pflegen und muss nur immer wieder in Form geschnitten werden. Mit einer Garten- oder Formschnittschere lässt sich jedes verirrte Blatt zurechtstutzen.

RUHIGE SCHÖNHEIT

Dieser üppige Fächer-Ahorn (*Acer palmatum* 'Ukon') ist eine fantastische Pflanze, sowohl für drinnen als auch für draußen. Sie ist ungewöhnlich leicht zu pflegen, gedeiht an den verschiedensten Plätzen und verträgt sogar Hitze. Die hellgrünen Blätter nehmen im Herbst einen hellgelben Farbton an.

Den Terrakottatopf entdeckte ich an einer versteckten Stelle in einem Gartencenter. Ich malte ihn in einem meiner heiß geliebten Grautöne an – ein klassischer Stil, der leicht nachzumachen ist.

Diese Kombination verdankt ihre verblüffende Wirkung vor allem den beiden schlichten Farbtönen: Das lebendige Grün der Blätter und die dunkle Farbe des Gefäßes sowie des dekorativen Abdeckmaterials bringen die zarte Pflanze besonders gut zur Geltung. Leuchtendes Blattwerk und grazile Details sollten wie hier durch eine möglichst zurückhaltende Umgebung besonders betont werden.

GERAHMTE FÜLLE

Ein großzügig mit blühenden Pflanzen bestückter Blumenkasten wird ein leeres Fensterbrett immer zum Strahlen bringen. Mit Blumenkästen kann man einen anziehenden Blickfang kreieren, der schon beim Näherkommen einladend wirkt, und sie tragen dazu bei, aus einem Haus ein Heim zu machen. Sie können auffallend und speziell, aber auch schlicht und konventionell sein – doch in jedem Fall verleihen sie Ihrem Zuhause einen ganz persönlichen Touch.

Ich finde, dass man bei der Wahl eines Blumenkastens den Anstrich und die Fensterart des Hauses berücksichtigen muss. Soll sich der Kasten in die Optik der Fassade integrieren oder einen Kontrast zu ihr bilden? Der hier vorhandene graue Anstrich ist nicht nur hinreißend, sondern lässt auch viel zu. Deshalb beschloss ich, den Kasten mit zarten, hellrosa Garten-Hortensien (*Hydrangea macrophylla* 'Madame Emile Mouillère') zu bepflanzen. Der silberfarbene Blumenkasten dient als verbindende Komponente.

DER BALKON-GÄRTNER

Inmitten des Großstadtdschungels ist der Balkon eines Apartments eine kleine Oase. Geschmückt mit Töpfen und Pflanzgefäßen, kann ein Stadtbalkon ein willkommener grüner Rückzugsort sein. Es ist sinnvoll, auch ein paar Gartenmöbel aufzustellen – behandeln Sie ihn einfach wie ein kleines Zimmer im Freien, in dem Sie sich entspannen und unterhalten können. Ich stellte diesen hübschen Topf mit der großblütigen weißen Hortensie nach draußen. Zwischen dem lebhaften Grün der Blätter ist sie ein wahrer Blickfang.

Über den Rand einer alten **Milchkanne** schäumend, verspricht diese Auswahl verschiedener **Salatblätter** ein üppiges sommerliches Festmahl.

MR. MCGREGOR'S GARTEN

Diese Milchkanne ist ein wunderbares Beispiel für einen dieser erstaunlichen Zufallsfunde und eine gekonnte Zweckentfremdung, die nicht auf den Innenbereich beschränkt ist. Üppiger grüner Salat erinnert mich immer an Beatrix Potters Geschichte von Peter Hase und wie dieser sich in einem hübschen Cottage-Garten vor Mr. McGregor versteckt. Ich kaufte diese Milchkanne bei einem fantastischen Antiquitätenhändler auf einem Trödelmarkt in Surrey, England. Ich wusste noch nicht genau, wofür ich sie verwenden würde, damals interessierte mich erst einmal, wie ich sie wohl nach Hause bringe. Selbst kultivierter Salat schmeckt immer besser als im Geschäft gekaufter, und natürlich ist er auch noch viel preisgünstiger. Ich pflanzte auch Frühlingszwiebeln und Rote Bete in der großen Milchkanne. Sie ist das ideale Gefäß für einen eigenen Mini-Cottage-Garten – vergewissern Sie sich aber, dass sich kein Peter Hase darin versteckt hat!

PROVENZALISCHER SOMMER

Das verträumte Arrangement aus versonnen anmutenden Wildblumen ist eine Reminiszenz an lange, heiße Sommer in der Provence. Ich stellte diese wunderschönen pastellfarbenen Blütenstiele in sorgfältig ausgewählte alte Flaschen und einen verwitterten Milchflaschenträger. Das Ensemble wirkt charmant und ländlich und weckt meine Erinnerung an einen Spaziergang über Wiesen oder eine nachmittägliche Spritzfahrt durch die französische Landschaft. Dieses anmutige Arrangement passt in eine Küche oder auf eine Veranda, aber es würde auch eine ungewöhnliche Tischdekoration ergeben, etwa für eine idyllische schlichte Hochzeit oder ein sommerliches Mittagessen im Freien. (Hinweise für Schnittblumen: Seite 182)

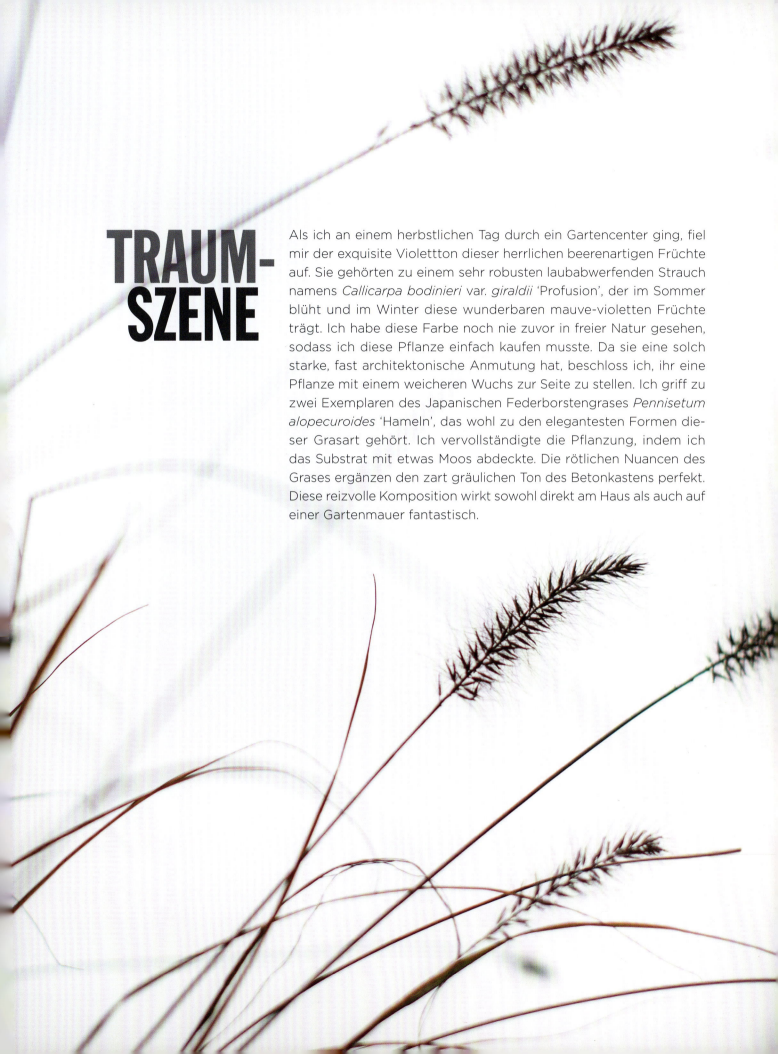

TRAUM-
SZENE

Als ich an einem herbstlichen Tag durch ein Gartencenter ging, fiel mir der exquisite Violettton dieser herrlichen beerenartigen Früchte auf. Sie gehörten zu einem sehr robusten laubabwerfenden Strauch namens *Callicarpa bodinieri* var. *giraldii* 'Profusion', der im Sommer blüht und im Winter diese wunderbaren mauve-violetten Früchte trägt. Ich habe diese Farbe noch nie zuvor in freier Natur gesehen, sodass ich diese Pflanze einfach kaufen musste. Da sie eine solch starke, fast architektonische Anmutung hat, beschloss ich, ihr eine Pflanze mit einem weicheren Wuchs zur Seite zu stellen. Ich griff zu zwei Exemplaren des Japanischen Federborstengrases *Pennisetum alopecuroides* 'Hameln', das wohl zu den elegantesten Formen dieser Grasart gehört. Ich vervollständigte die Pflanzung, indem ich das Substrat mit etwas Moos abdeckte. Die rötlichen Nuancen des Grases ergänzen den zart gräulichen Ton des Betonkastens perfekt. Diese reizvolle Komposition wirkt sowohl direkt am Haus als auch auf einer Gartenmauer fantastisch.

5 GERÄTE, MATERIALIEN, TECHNIKEN

Vielleicht ist dies Ihr erster Versuch mit Zimmerpflanzen, aber möglicherweise sind Sie auch bereits erfahrener Indoor-Gärtner – doch selbst dann muss man seine Pflanzen hin und wieder mit neuen Augen betrachten. In diesem Kapitel möchte ich die Grundlagen der Kultivierung von Zimmerpflanzen von A bis Z vermitteln. Das Wichtigste, um Pflanzen gesund zu erhalten, ist ein heller Platz mit gleichmäßiger Temperatur und ausreichend Luftfeuchtigkeit, an dem es nicht zieht. Doch etliche Pflanzen haben besondere Bedürfnisse. Dieses Kapitel zeigt Ihnen, wie Sie diese Pflanzen pflegen.

DIE ZEHN WICHTIGSTEN TIPPS

Einige nützliche Richtlinien, die Ihnen von Anfang an bei der Kultivierung von Zimmerpflanzen helfen:

1 Pflanzen mit Bedacht platzieren Wählen Sie Pflanzen, die zu den Gegebenheiten Ihres Zuhauses passen, denn selbst der engagierteste Gärtner kann eine sonnenhungrige Pflanze an einem kalten, dunklen Platz nicht dazu bringen, gut zu gedeihen. Versichern Sie sich also, dass die Pflanzen die im Raum vorherrschende Lichtintensität und Temperatur vertragen.

2 Direkte Sonne möglichst vermeiden Auf Fensterbänken in direktem Sonnenlicht ist es für die meisten Zimmerpflanzen zu heiß. Zudem sollten Sie darauf achten, Pflanzen nicht direkt über eine Wärmequelle wie etwa eine Heizung zu stellen.

3 Dunkle Plätze vermeiden Sorgen Sie dafür, dass die Pflanzen genügend Licht erhalten, das für eine ausreichende Fotosynthese notwendig ist.

4 Zugluft vermeiden Empfindliche Pflanzen sollten vor Zugluft und extremen Temperaturschwankungen geschützt werden.

5 Regelmäßig umtopfen Sie sollten die Zimmerpflanzen ungefähr alle zwei Jahre in einen größeren Topf setzen. Dadurch werden sie nicht in ihrem Wachstum behindert und gedeihen gut.

6 Für eine gute Ausrüstung sorgen Benutzen Sie die richtigen Geräte. Eine Gießkanne mit einer langen Tülle und ein Sprüher sind unerlässlich, um die Luftfeuchtigkeit zu erhöhen und Staub zu reduzieren, aber auch um Schädlingen und Krankheiten vorzubeugen oder entgegenzuwirken. Eine Gabel und eine Schere mit langen Griffen sind ideal für schwer zu erreichende Stellen, und ein Schwamm, den man an einem langen Griff befestigt, erleichtert es, Glasgefäße sauber zu halten.

7 Behutsam gießen Wässern Sie Zimmerpflanzen nicht zu stark; legen Sie den Boden des Gefäßes mit Dränagematerial aus, damit die Wurzeln genügend Luft bekommen und nicht im Wasser stehen.

8 Winterruhe Gestatten Sie es Ihren Pflanzen, im Winter eine Ruhepause einzulegen, und stellen Sie sie dazu an einen kühleren Ort; die meisten Pflanzen brauchen während dieser Zeit weniger Sonnenlicht als sonst. Auch Wasser und Düngung sollten dann reduziert werden, damit Krankheiten wie Schimmelbefall und Wurzelfäule nicht so leicht auftreten. Und Pflanzen in der Nähe von Fenstern müssen einen anderen Platz erhalten, da es ihnen im Winter dort zu kalt wird.

9 Wachsam sein Lernen Sie, Ursachen für mögliche Probleme frühzeitig zu erkennen und zu beheben, bevor die ganze Pflanze durch Krankheit oder Schädlinge gefährdet ist. Eine zu geringe Luftfeuchtigkeit zeigt sich zum Beispiel daran, dass Blütenknospen abfallen, Blätter welken und Blattspitzen braun werden. Schimmel, Fäule und weicher Pflanzenwuchs zeugen dagegen unter anderem von einer zu hohen Luftfeuchtigkeit.

10 Langfristig denken Einige als Geschenk beliebte Zimmerpflanzen haben nur eine kurze Wachstumsphase. Möchten Sie jedoch, dass man sich das ganze Jahr über an ihnen erfreut, sollten Sie Pflanzen wählen, die länger gedeihen.

DER ANFANG

Bevor man mit der Kultivierung von Zimmerpflanzen beginnt, ist es nützlich, sich über deren Wachstumsansprüche ein paar Kenntnisse anzueignen. Da es für Pflanzen nicht natürlich ist, in geschlossenen Räumen zu wachsen, darf man ihr Wachstum nicht durch falsche Gegebenheiten einschränken.

LICHT

Die meisten Zimmerpflanzen, inklusive Orchideen und Bromelien, gedeihen gut in gefiltertem Sonnenlicht, doch grünblättrige Pflanzen wie Philodendren können sich auch mit einem von Fenstern weiter entfernten oder sogar eher dunklen Platz begnügen. Panaschierte (mit gemusterten Blättern) und buntlaubige Pflanzen, Blühpflanzen sowie Kakteen und Sukkulenten benötigen jedoch viel Licht, um zu blühen und gut zu gedeihen.

TEMPERATUR

Jede Pflanze hat einen bevorzugten Temperaturbereich, in dem sie gut wächst – setzt man sie längere Zeit niedrigeren oder höheren Temperaturen aus, gehen sie ein. Heizungsluft oder geringe Luftfeuchtigkeit kann für Pflanzen nachteilig sein, sie trocknen aus oder versengen, weshalb man direktes Sonnenlicht und einen Platz in der Nähe einer Heizung meiden sollte. Auch große Temperaturschwankungen sind zu vermeiden, da diese sich ebenfalls ungünstig auswirken. Zugluft wie auf Fensterbrettern oder in der Nähe von Außentüren führt zu erhöhter Verdunstung und schneller Austrocknung der Pflanzen. An folgenden Temperaturangaben kann man sich orientieren:

- Die Mindesttemperatur im Winter (auch für Ruheperioden im Winter) ist 12 °C.
- Die Durchschnittstemperatur, damit Pflanzen gut gedeihen, liegt zwischen 18 und 24 °C.
- Pflanzen aus nicht tropischen Regionen gedeihen gut bei 10 bis 16 °C.
- Ein Temperaturunterschied von 11 °C oder mehr innerhalb von 24 Stunden wirkt sich auf alle Pflanzen negativ aus. Halten Sie die Temperatur deshalb stets konstant.
- Sämlinge wachsen am besten bei konstanter Temperatur.

LUFTFEUCHTIGKEIT

Es ist ratsam, die Luftfeuchtigkeit dem Bedarf der Pflanze anzupassen; Kakteen benötigen beispielsweise trockene Luft. Möchten Sie die Luftfeuchtigkeit erhöhen, sollten Sie die Pflanzen an einem Platz zusammenstellen. Regelmäßiges Sprühen trägt ebenfalls zur Erhöhung der Luftfeuchtigkeit bei und unterstützt das Pflanzenwachstum.

LICHT UND FOTOSYNTHESE

Die Fotosynthese ist ein natürlicher Prozess und versorgt Pflanzen mit Energie. Sie setzt das Vorhandensein des grünen Farbstoffs Chlorophyll in den Blättern und Sprossen der Pflanzen voraus (manche Pflanzen wie Kakteen haben nur in den Sprossen Chlorophyll). Mithilfe von Sonnenlicht produziert Chlorophyll aus dem Kohlendioxid der Luft und dem Wasser der Erde Kohlenhydrate. Das Kohlendioxid wird durch Stomata (Spaltöffnungen), die sich gewöhnlich an der Blattunterseite befinden, aufgenommen. Die Lichtenergie spaltet die Wassermoleküle in Sauerstoff und Wasserstoff. Wasserstoff und Kohlenstoff verbinden sich zu Kohlenhydraten wie Glukose als Nährstoff für die Pflanze. Sauerstoff und Wasserdampf werden als Nebenprodukte des Vorgangs an die Luft abgegeben – weshalb Zimmerpflanzen für uns so wertvoll sind.

PFLANZGEFÄSSE AUSWÄHLEN UND PLATZIEREN

Die wichtigste Überlegung bei der Wahl des Pflanzgefäßes betrifft das Größenverhältnis von Pflanze zu Gefäß – die Proportionen müssen stimmen. Die Wahl hängt natürlich vom persönlichen Geschmack ab, aber Sie sollten auch den Standort mit berücksichtigen, damit sich das Pflanzgefäß harmonisch einfügt.

PFLANZGEFÄSSE

Eine neue Zimmerpflanze erwirbt man normalerweise in einem Topf aus Kunststoff. Manche Pflanzen kauft man auch gleich in einem dekorativen Gefäß, dann können Sie natürlich nach persönlichen Geschmack und dem Stil der künftigen Umgebung auswählen. Besonders wichtig ist, dass das Gefäß am Boden Löcher aufweist, damit überschüssiges Wasser ablaufen kann und die Pflanze nicht zu faulen beginnt. Möchten Sie mehrere Pflanzen zusammen arrangieren, sollten die Gefäße zueinanderpassen; eine ungerade Anzahl von Pflanzgefäßen lässt das gesamte Arrangement ästhetisch interessanter wirken. Ich nehme meistens schlichte Töpfe, also weder verspielte noch zu stark gemusterte, denn ich finde, dass diese von der Wirkung der Pflanze ablenken.

TERRARIEN

In unseren modernen, mit Heizungen und Klimaanlagen ausgestatteten Wohnräumen eignen sich Terrarien hervorragend für die Kultur von Zimmerpflanzen. In einem geschlossenen Glasbehälter oder Terrarium verdunstet das Wasser über die Blätter, kondensiert am Glas und rinnt an den Wänden des Behälters herab, um dann von den Wurzeln wieder aufgenommen zu werden.
Anders als ihre viktorianischen Vorgänger sind heutige Terrarien erschwinglich und auch für kleinere Häuser und Wohnungen geeignet. In Terrarien lassen sich Sukkulenten und Kakteen wunderbar in Räume integrieren, ohne dass sie verfaulen oder austrocknen. Außerdem sind solche Arrangements leicht herzustellen, und die ganze Familie kann sich daran beteiligen.
Zunächst muss man entscheiden, ob es ein zu öffnendes oder ein geschlossenes Terrarium sein soll. Offene Terrarien können zwar ein wenig direktes Sonnenlicht vertragen, aber bei zu viel davon verbrennen möglicherweise die Blätter, die die Wände des Terrariums berühren. Dagegen benötigen geschlossene Terrarien einen Standort mit viel Licht, jedoch ohne direktes Sonnenlicht; in direkter Sonne kann die Temperatur im Inneren erheblich ansteigen, sodass es zu heiß für die Pflanzen darin wird. (Ein geschlossenes Terrarium kann auch ein offenes mit einer Abdeckung sein.)
Ob man sich für ein offenes oder ein geschlossenes Terrarium entscheidet, hängt auch von der Pflanzenwahl ab: Sonnenliebende Pflanzen sehnen sich nach natürlichem Licht, weshalb für sie ein offenes Terrarium geeignet ist, während man Pflanzen mit großem Feuchtigkeitsbedarf besser in einem geschlossenen Terrarium kultiviert. Bubiköpfchen *(Soleirolia soleirolii)*, Veilchen, Moose sowie Kakteen und Sukkulenten gedeihen gut in einem Terrarium.

GLASVASEN

Es ist ungewöhnlich, in einem Glasgefäß Pflanzen mit Substrat zu kultivieren, da ihre Wurzeln Licht nicht gut vertragen. Doch Glasvasen sind gute Behälter für Wassergärten mit Wasserpflanzen. Ein paar Kieselsteine reduzieren die Lichtintensität, weshalb man sie oft in Glasgefäßen findet.

TONGEFÄSSE

Ton- oder Terrakottagefäße für Zimmerpflanzen sind praktisch und vielseitig. Man kann Terrakottatöpfe in ihrem natürlichen Farbton verwenden oder sie anmalen, damit sie sich in die Raumgestaltung integrieren. Da Terrakotta porös ist, kann Wasser über die Gefäßoberfläche verdunsten, weshalb man die Pflanze darin etwas häufiger gießen muss. Ein dekoratives Abdeckmaterial oder Mulch kann übermäßige Verdunstung reduzieren.

HOLZKISTEN

Ein Holzbehälter eignet sich besonders gut für üppige Blattpflanzen und kann naturbelassen oder mit einem zur Umgebung passenden Anstrich verwendet werden. Holz ist jedoch nicht wasserdicht, man muss den Behälter mit Kunststoff auskleiden. Beim Wässern ist Vorsicht angebracht, denn die Wurzeln sollten nicht zu feucht stehen. Alternativ kann man in den Boden der Kiste Löcher bohren, durch die das Wasser ablaufen kann; in diesem Fall sollte man sich aber vergewissern, dass das überschüssige Wasser nicht die Oberfläche, auf der die Holzkiste steht, beschädigt.

HÄNGENDE OBJEKTE

Selbst kleine Räume lassen sich mit reizvollem Blattwerk in einem hängenden Pflanzgefäß verschönern. Solche hängenden Gärten bilden einen wunderbaren Blickfang.

BLUMENKÄSTEN

Mit einem Blumenkasten lässt sich der Platz auf einem Fensterbrett sowohl im Raum als auch draußen vor dem Fenster hervorragend nutzen. Wählen Sie Kästen, die zum vorgesehenen Platz passen.

SELBST GEMACHTE BEHÄLTER

Einen Pflanzbehälter selbst anzufertigen, wird Sie mit Stolz und Freude erfüllen, egal, ob Sie dafür Haushaltsgegenstände zweckentfremden oder selbst ein Gefäß entwerfen und bauen. In dem Buch habe ich mehrere solcher Objekte verwendet – vielleicht ist eines dabei, das Sie gern nachbauen möchten.

TERRARIEN – EINE KURZE GESCHICHTE

1827 kam der Londoner Arzt Nathaniel Ward bei der Anlage eines Farngartens zufällig auf die Idee zu einem Terrarium. Er fand heraus, dass seine Pflanzen eingingen, weil die Londoner Luft vom Rauch der Fabrikschlote verpestet war. Ward studierte auch das Verhalten von Faltern und Raupen, wobei er einige Insekten in abgedeckten Gefäßen hielt. Darum setzte er Pflanzen, darunter auch einige Farne aus dem Steingarten, neben die Kokons. Er stellte fest, dass die Pflanzen in der warmen Umgebung unter dem Glas gesund blieben und sich gut entwickelten, und kam zu der Erkenntnis, Pflanzen könnten in London durchaus gut gedeihen, wenn sie vor der verschmutzten Stadtluft geschützt würden.

Ward experimentierte jahrelang mit Miniaturglashäusern und Zimmerpflanzen und entwickelte schließlich den Ward'schen Kasten, den Vorläufer des Terrariums. Für Pflanzenexperten war dies eine aufregende Entdeckung, da sie nun empfindliche Pflanzen aus den Tropen in Ward'schen Kästen transportieren konnten: Die Gefäße boten auf den langen Seereisen nicht nur Schutz vor der Salzluft, sondern auch vor den wechselnden klimatischen Bedingungen. Ward'sche Kästen wurden in modernen Häusern immer beliebter und es war schick, einen im Empfangszimmer aufzustellen. Sie waren Miniatur-Ausgaben von einem Pavillon in Brighton oder des Tadsch Mahals und boten den Menschen der Viktorianischen Ära die Möglichkeit, neben echten Pflanzen auch dekorative Objekte zur Schau zu stellen.

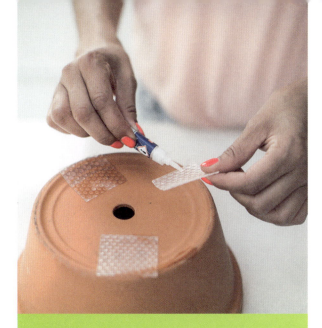

TIPP FÜR INDOOR-GÄRTNER:

Töpfe und Untersetzer aus Keramik können die Oberfläche, auf der sie stehen, beschädigen. Kleben Sie zum Schutz Ihrer Möbel einfach Rechtecke aus Filz, Gummi oder Schaumpolster auf die Unterseite.

PORZELLANGEFÄSSE

Sie sind in vielen unterschiedlichen Formen, Größen, Farben und Mustern erhältlich. Wenn ich ein Ensemble aus mehreren Gefäßen zusammenstelle, versuche ich zu erreichen, dass diese sich in allen Punkten ergänzen. Viele verschiedene Muster, Farben und Strukturen zu verwenden, lässt ein Arrangement nicht nur überladen und altmodisch wirken, sondern lenkt auch von den Pflanzen ab. Meist haben Porzellangefäße keine Abzugslöcher, sodass man überschüssiges Wasser nach dem Gießen immer entfernen muss.

METALL- UND DRAHTGEFÄSSE

Behälter aus Metall wirken modern, und ungewöhnliche Objekte lassen sich wunderbar als Pflanzgefäße wiederverwenden. Nur wenige dieser Gefäße haben Abzugslöcher, aber man kann sie mit einem Bohrer oder mit Hammer und Nagel leicht selbst anbringen.

PFLANZGEFÄSSE ARRANGIEREN

Will man Pflanzgefäße miteinander kombinieren, sollte man darauf achten, dass die Töpfe zusammenpassen oder das gleiche Muster beziehungsweise den gleichen Stil haben. Bei der Pflanzenwahl muss man sich gut überlegen, ob die Pflanze in dem vorgesehen Topf auch wirklich dekorativ aussehen wird. Bevor man die Pflanze einsetzt, stellt man sie deshalb zunächst einmal hinter den Topf und begutachtet aus einiger Entfernung die Wirkung.

Bei der Zusammenstellung von Pflanzgefäßen ist es auch sinnvoll, sich an einer alten Gestaltungsregel zu orientieren und eine ungerade Zahl zu wählen, also drei, fünf oder sieben Gefäße.

Versuchen Sie unkonventionell und fantasievoll an die Sache heranzugehen. Im Kapitel »Alte Fundstücke« (Seite 50–103) habe ich viele Objekte wiederverwendet, die ursprünglich zwar nicht für Pflanzen bestimmt waren, aber faszinierende Blickfänge ergeben.

Es gibt zwei Grundprinzipien bei der Anordnung von Pflanzgefäßen: ein symmetrisches Arrangement mit einem großen Pflanzgefäß in der Mitte von zwei kleineren oder aber eine asymmetrische Gestaltung, bei der die beiden kleineren Gefäße neben dem größeren stehen.

GERÄTE UND MATERIALIEN

Bei der Pflege von Zimmerpflanzen ist es sehr wichtig, die geeigneten Geräte, Werkzeuge und Materialien zu verwenden. Man muss kein Vermögen dafür ausgeben, denn viele Geräte können aus Löffeln, Gabeln und Messern, mit etwas Klebeband und langen Stöckchen gefertigt werden. Hier habe ich die nützlichsten Geräte zusammengestellt.

NÜTZLICHE GERÄTE

Miniaturspaten oder -schaufel, um Löcher zu graben und Objekte in Gefäßen zu bewegen.

Miniaturharke zum Harken und Festklopfen des Topfsubstrats.

Stöckchen eignen sich gut dazu, um Pflanzen an schwer zugänglichen Stellen zu bewegen und zu platzieren, aber auch, um in das Substrat Löcher für Samen zu bohren.

Festes Papier braucht man, um einen Trichter zu formen, mit dessen Hilfe man in kleine, schwer zugängliche Gefäße Material einfüllen kann.

Lange Pinzette zum Greifen von Pflanzen, um diese in kleinen Gefäßen zu positionieren.

Lupe, mit der man kleine Objekte beim Bepflanzen eines Terrariums besser sehen kann.

Schere: Sie gehört zu den wichtigsten Werkzeugen, denn mit ihr kann man nicht nur Blütenköpfe und sonstiges Pflanzenmaterial entfernen, sondern auch Stecklinge nehmen und einen Rückschnitt ausführen.

Schere mit langen Griffen zum Schneiden und zum Entfernen von abgestorbenen Blättern.

Gartenschere: Sie ist sehr hilfreich, um verholzte und ältere Pflanzenteile zu entfernen, die sich mit einer normalen Schere nicht schneiden lassen.

Wurzelschneider sind unverzichtbar, wenn man Pflanzen umtopft (insbesondere Bonsai), aber auch bei der Vermehrung von Pflanzen durch Teilung.

Selbst gemachter Glasputzer, um die Innenseite von Töpfen, Glasvasen und Terrarien, die schwer zugänglich ist, zu säubern. Hierzu einfach einen kleinen Schwamm am Ende eines Essstäbchens befestigen.

Oben, von links nach rechts
Verschiedene Geräte: Schere, Lupe, Miniaturharke, Glasputzer, kleiner Pinsel, lange Pinzette, Bambusstäbchen, Floristennadeln und -draht, Schere mit langen Griffen, Miniaturspaten, Miniaturschaufel.

Kleine Pinsel eignen sich hervorragend dazu, Substrat von den Pflanzenblättern zu entfernen.
Bambusstöcke und Gitterwerk sind ideale Stützhilfen für Kletterpflanzen und lassen sich auch zur Erziehung von Pflanzen einsetzen.
Draht zum Erziehen von Pflanzen wie Passionsblumen *(Passiflora)* und Efeu *(Hedera)*, aber auch, um widerspenstige Zweige und Äste einzubinden. Ein guter, grün ummantelter Blumendraht ist ideal, da er sich farblich unterordnet.
Floristennadeln sind wunderbar geeignet, um Moos festzustecken oder Moospolster miteinander zu verbinden.
Schnur braucht man, um von Kletterpflanzen zu befestigen oder Pflanze in Moos zu fixieren, wie etwa beim hängenden Obstgarten auf Seite 116.
Pflanzenschilder und -etiketten erweisen sich als hilfreiche Gedankenstütze, wenn man verschiedene Samen verwendet.
Sprühflaschen können zum Besprühen von Pflanzen verwendet werden, aber auch zur Behandlung von Krankheiten mit Pestiziden und Fungiziden.

TOPFSUBSTRATE

Die meisten Zimmerpflanzen gedeihen in sterilem, erdefreiem Kultursubstrat (entweder auf Torf- oder Torfersatzbasis). Man sollte keine Gartenerde verwenden, da diese Samen von Unkräutern, Schädlinge und Krankheitserreger enthalten kann.

Für Pflanzen mit besonderen Bedürfnissen gibt es auch Spezialsubstrate, beispielsweise Erikensubstrat für kalkfliehende Pflanzen wie Kamelien oder grobsandiges, gut durchlässiges Topfsubstrat für Kakteen. Grobkörniges nährstoffarmes Substrat mit einem Zusatz von Vermiculit und Perlit ist ideal für Orchideen, die besonders empfindlich sind und es nicht mögen, wenn ihre Wurzeln im Nassen stehen. Für die Aussaat von Samen und die Bewurzelung von Stecklingen verwendet man am besten Vermehrungssubstrate.

DEKORATIVES ABDECKMATERIAL

Eine dekorative Abdeckschicht gibt dem Pflanzgefäß nicht nur den letzten Schliff, sondern erleichtert es der Pflanze auch, Feuchtigkeit zu halten. Man muss jedoch das Abdeckmaterial etwas zur Seite schieben, wenn man überprüfen möchte, ob die Pflanze Wasser braucht. Ich habe unten aufgelistet, welche Arten von Abdeckmaterial mir am besten gefallen, doch natürlich ist dies eine Frage des persönlichen Geschmacks – man sollte nur darauf achten, dass es zum Pflanzgefäß und zur Umgebung passt.

Moos ist ideal für Containerpflanzungen und in vielen verschiedenen Sorten erhältlich. Echte Rentierflechte ist wunderbar in Kombination mit Abdeckungen aus Sand. *Spaghnum* ist die perfekte Abdeckung für das Topfsubstrat in Terrarien. Thujamoos oder *Hypnum* eignen sich wegen ihrer Größe gut für geräumige Pflanzgefäße. Sogenannte Mooskugeln, die man im Aquarienbedarf kaufen kann, sind eigentlich kugelförmig verwachsene Algenfäden, die in Aquarien wunderbar wirken. *Leucobryum* bildet sehr kompakte Kissen ganz unterschiedlicher Größe und Form: Mit diesem Moos lassen sich besonders gut Miniaturgärten gestalten, weil es an eine leicht gewellte Felderlandschaft erinnert.

Sand sieht in einem einfachen Themengarten hübsch aus und eignet sich ganz besonders gut für ein Gefäß, das Sie zusammen mit Kindern bepflanzen möchten. Ich verwende gern Aquariumsand, denn er ist in vielen Farben erhältlich und bildet eine glatte Oberfläche.

Kieselsteine gibt es in verschiedenen Größen und Formen sowie mit unterschiedlichen Oberflächen; sie sind in Gartencentern und Geschäften für Aquaristik erhältlich.

Holzhackschnitzel machen sich besonders gut in natürlich wirkenden, urwüchsigen Arrangements.

Feiner Kies verleiht einem Pflanzenarrangement einen natürlichen Touch.

Muscheln am Strand zu suchen, macht immer großen Spaß, und ich bringe von meinen Spaziergängen stets viele unterschiedliche mit nach Hause.

Schieferbruch passt hervorragend zu modernen eleganten Arrangements.

TIPP FÜR INDOOR-GÄRTNER:

Moos selber kultivieren

- Man kann Moos in einer Schale ziehen. Nehmen Sie von Dächern oder Gehwegpflaster etwas Moos ab. Teilen Sie es in ca. 4–5 cm große Quadrate und legen Sie diese auf eine gut befeuchtete Schicht Topfsubstrat. Moos braucht zwar einige Zeit, bis es anfängt zu wachsen, aber auf diese Weise stehen Ihnen verschiedene Arten und Sorten zur Verfügung, die im Floristenbedarf oder Gartencenter vielleicht nicht immer erhältlich sind.
- Wässern Sie das Moos ausreichend; braucht man nicht alles auf einmal, können Reste im Kühl- oder Gefrierschrank aufbewahrt werden.
- Moos muss stets feucht gehalten werden, damit es wächst und seine sattgrüne Farbe behält.

GRUNDTECHNIKEN

Vor der Wahl einer Zimmerpflanze sollte man sich darüber informieren, an welchem Standort sie am besten gedeiht, welche Wachstumsbedürfnisse sie hat und ob sie in die vorgesehene Umgebung passt. So bleibt die Pflanze gesund, und Sie vermeiden kostspielige Fehler.

EINE GESUNDE PFLANZE AUSSUCHEN

Wenn Sie eine Zimmerpflanze in einem Gartencenter oder einer Gärtnerei kaufen, nehmen Sie sich die Zeit und suchen Sie ein gesundes Exemplar aus, das zu Hause gedeihen wird. Die folgende Checkliste soll Ihnen bei Ihrer Auswahl helfen:

• Darauf achten, dass die Blätter gut gefärbt und kräftig sind und gesund aussehen. Pflanzen mit beschädigten oder fleckigen Blättern meiden.
• Die Pflanzenstängel sollten fest sein. Bei blühenden Pflanzen sollte man ein Exemplar mit vielen geschlossenen Knospen wählen, damit sie noch lange blüht.
• Darauf achten, dass zwischen Substrat und Gefäßrand kein Spalt ist – ein Anzeichen für eine extrem trockene Pflanze, die nicht gut gedeihen wird.
• Sich vergewissern, dass die Pflanze frei von Insekten und Larven ist. Eingeschleppte Schädlinge werden vorhandene Zimmerpflanzen befallen und beeinträchtigen.
• Erkrankte Pflanzen meiden, die pelzartigen Schimmel oder unansehnliche Flecken aufweisen.
• Auf eingerollte oder verwelkte Blätter achten, die erkennen lassen, dass die Pflanze nicht gut gedeihen wird.
• Prüfen, ob die Pflanze feuchte, verwelkte Stellen aufweist – ein Anzeichen für Wurzelfäule oder zu engen Stand im Topf.
• Darauf achten, dass die Wurzeln nicht aus den Löchern im Topfboden wachsen; dies weist meistens auf zu langes beengtes Wachstum im Pflanzgefäß hin.
• Wenn möglich eine junge Pflanze kaufen; sie ist zwar kleiner, wird sich der neuen Umgebung aber besser anpassen.
• Für den Heimtransport die neue Pflanze sorgfältig einpacken, damit die Blätter nicht beschädigt werden.
• Die Pflanze in den ersten Wochen nicht in direktes Sonnenlicht stellen, damit sie sich besser akklimatisieren kann, bevor sie an ihren vorgesehenen Standort kommt. Blühende Pflanze wie ein Alpenveilchen, eine Chysantheme oder eine Azalee sollte jedoch sofort ihren endgültigen sonnigen Platz bekommen.

EIN GEFÄSS BEPFLANZEN

Es wird der Zeitpunkt kommen, an dem Sie eine Pflanze austopfen müssen, besonders wenn Sie eine in einem unansehnlichen Kunststofftopf kaufen. Vielleicht müssen Sie auch eine Pflanze umtopfen, um ihr etwas Auftrieb zu verleihen oder wenn sie zu groß für ihr Gefäß geworden ist.

1 Den Boden des Gefäßes mit einer Dränageschicht, etwa aus Kies oder Kieselsteinen, bedecken; sie sollte ungefähr ein Viertel des gesamten Fassungsvermögens betragen. Dadurch bekommen die Wurzeln genügend Luft und stehen nicht in Staunässe.

2 Das Gefäß so weit mit Topfsubstrat füllen, dass sich der Wurzelballen oben knapp unterhalb des Gefäßrandes befindet. Die Pflanze mittig und gerade in dem Gefäß positionieren.

3 Vorsichtig zwischen dem Wurzelballen und der Gefäßwand weiteres Substrat einfüllen und festdrücken, jedoch nicht zu stark, damit es weiterhin durchlässig bleibt.

4 Mit dekorativem Abdeckmaterial, etwa feinem Kies oder Muscheln, die Pflanzung abschließen. Es lässt das Pflanzgefäß nicht nur hübscher aussehen, sondern kann auch dazu beitragen, die Verdunstung zu reduzieren.

ERZIEHUNG EINES HOCHSTAMMS

Mit dieser Schnittmethode lässt sich eine Pflanze wunderbar in eine mit einem einzigen Stamm verwandeln. Ein Hochstamm ist die klassische Erziehungsform für einen Strauch, wenn man die Zweige, Blätter und Blüten auf Augenhöhe bringen möchte. Pflanzen, die sich hierfür eignen, sind unter anderem Flieder *(Syringa),* Lorbeer *(Laurus nobilis)* und Lavendel *(Lavandula).*

1 Eine Pflanze mit einem kräftigen, gerade verlaufenden Mitteltrieb wählen; ich habe hier eine Kumquat *(Fortunella japonica)* verwendet.

2 Die unteren Blätter entfernen, um die Triebbasis freizulegen, und im unteren Bereich der Pflanze alle Seitensprosse herausschneiden. Ist der Trieb zu dünn, kann man ihn mit einem Stöckchen stützen.

3 Den Mitteltrieb frei von neuen Sprossen halten und alle Blätter am Ende der verbleibenden Sprossen ausknipsen, um eine ausgewogene buschige Pflanze mit einem freien Stamm zu erhalten.

GERÄTE, MATERIALIEN, TECHNIKEN

PFLANZEN IN EINEM TERRARIUM KULTIVIEREN

Bei der Wahl eines Gefäßes für ein Terrarium sollte man einige einfache Hinweise befolgen: Es muss aus Glas oder einem anderen lichtdurchlässigen Material sein. Die Öffnung sollte groß genug sein, um Topfsubstrat einfüllen und Pflanzen einsetzen zu können. Und alle ausgesuchten Pflanzen sollten ähnliche Wachstumsbedürfnisse haben.

Die Grundlagen für eine Terrarienkultur sind einfach. Haben Sie ein passendes Gefäß gefunden, muss es zuerst sorgfältig gereinigt werden, damit sich keine Bakterien darin ausbreiten können. Danach werden auf dem Boden einige Kieselsteine als Dränage verteilt und darüber eine Schicht Holzkohle und Blähton. Ich benutze hierfür meist einen Trichter aus einem Stück festem Karton, weil Terrarien oft nur kleine Öffnungen haben. Holzkohle und Blähton sind wichtig, da sie überschüssige Feuchtigkeit aufnehmen, Schimmel-, Pilz- und Geruchsbildung verhindern helfen und so im Terrarium ein gesundes Mikroklima aufrechterhalten (Holzkohle wirkt reinigend: Während das Wasser im Terrarium zirkuliert, wird es durch den Kohlenstoff in der Holzkohle gereinigt). Danach können Sie das Substrat einfüllen und schließlich die Pflanzen. Je nach Geschmack lassen sich auch ein paar dekorative Gegenstände hinzufügen – es gibt viele Möglichkeiten, einen Zimmergarten hübsch zu gestalten und ihm ein individuelles Aussehen zu verleihen.

1 Auf den Boden des Terrariums zuerst einige Kieselsteine verteilen. Dann eine etwa 3 cm dicke Schicht Blähton, und darauf eine 1–2 cm dicke Lage Holzkohle geben.

2 Das Gefäß 5–6 cm hoch mit Topfsubstrat füllen. Mit einer kleinen Pflanzschaufel das Substrat gleichmäßig verteilen und für jede Pflanze ein Loch vorbereiten.

3 Die Pflanzen nehmen – ich habe hier einige Exemplare von Echter Kamille ausgewählt, um einen kleinen Kamillenrasen entstehen zu lassen – und mit einer langen Pinzette oder Gabel in die vorbereiteten Löcher setzen; anschließend fest in das Substrat drücken, damit sie gut verankert sind. Mit der flachen Seite einer Harke das Substrat einebnen.

4 Ein passend großes Stück Moos *(Hypnum)* abteilen und das Substrat damit abdecken; mit der flachen Seite einer Harke behutsam festdrücken.

5 Zum Bewässern des Terrariums einen Sprüher verwenden. Da die Pflanzen in einem Terrarium meist sehr zart sind, ist es besser, sie zu besprühen als mit der Gießkanne zu wässern. Das Sprühen erhöht zudem die Luftfeuchtigkeit, was die Pflanzen schätzen.

6 Mit einem Schwamm an einem langen Stiel die Seitenwände des Terrariums von Schmutz und Überresten reinigen.

7 Suchen Sie sich einen kleinen Gegenstand aus, mit dem Sie eine Szenerie kreieren können – ich wünschte mir hier etwas Witziges und wählte ein Fahrrad.

8 Mit einem Pinsel werden letzte Reste Topfsubstrat entfernt, damit das Terrarium makellos sauber ist.

9 Stellen Sie Ihr Terrarium dort auf, wo es Ihnen am meisten Freude bringt – der schlafende Hund bleibt jedem selbst überlassen!

EIN TOPFSPALIER ANFERTIGEN

Die meisten Kletter- oder Rankpflanzen lassen sich in eine bestimmte Form bringen, wie etwa dieser Efeu, der an einem Spalierbogen wächst. Gewöhnlicher Efeu *(Hedera helix)* ergibt nicht nur eine hübsche Weihnachtsdekoration, seine grüne Pracht ist das ganze Jahr über attraktiv. Die herzförmigen, manchmal weiß gefleckten Blätter bilden vor dem Eingang eines Landhauses wunderschöne Einfassungen, wirken aber auch gut in einem einfachen Arrangement für Innenräume. Efeu lässt sich leicht in eine dekorative Form bringen. Hier habe ich aus Draht einen Bogen angefertigt, um den ich dann den Efeu erzog. Das ist nicht schwer, kann gut aufrechterhalten werden – und noch dazu sieht der Efeu in dem grauen Eimer hübsch aus. Diese Methode wende ich gern bei *Hedera helix* 'Mint Kolibri' an, eine Sorte mit herrlich panaschierten (gemusterten) Blättern. Passionsblume *(Passiflora)* und Jasmin *(Jasminum)* eignen sich ebenfalls ausgezeichnet dafür.

1 Ein Stück dicken Draht zu einem Ring in gewünschter Größe biegen. Ich habe hier grün ummantelten Draht benutzt. Dann zwei etwa 10 cm lange Drahtstücke um die beiden Ringenden wickeln; mit ihnen wird das Rankgerüst im Topfsubstrat befestigt.

2 Ich habe hier zwei Pflanzen benutzt: die erste drapierte ich um die eine Hälfte des Bogens, die zweite um die andere Hälfte. Wenn man damit beginnt, die Triebe um den Draht zu winden, sollten die Blätter immer nach außen zeigen.

3 Für eine klare Silhouette abstehende Triebe zwischen die anderen stecken oder einkürzen.

STÜTZEN UND ERZIEHEN

Mit Draht, Zwirn oder Stütz- und Rankhilfen lassen sich einzelne Pflanzentriebe entlasten und Haupttriebe aufrecht halten. Jungpflanzen können an kleinen Stäben oder Ähnlichem erzogen werden. Ohne zu stark einzugreifen, verbessert dies nicht nur das Aussehen der Pflanzen, die zusätzliche Hilfe wird in der Wachstumsphase auch geschätzt. Stöcke und Stäbe müssen fest verankert sein, damit das Gewicht der Pflanze sie nicht runterzieht.

Anbinder aus Zwirn, Draht oder Kunststoff sind sinnvoll, um Pflanzenteile einzubinden oder an anderen Pflanzen zu befestigen und um insgesamt ein ordentliches Erscheinungsbild zu erzielen.

LUFTPFLANZEN KULTIVIEREN

Tillandsien, die auch oft Luftpflanzen genannt werden, gehören zu den Epiphyten. Diese Pflanzen wachsen auf anderen Pflanzen, etwa einem Baum, ohne jedoch Parasiten zu sein. Tillandsien wachsen auch auf anderen Oberflächen wie Gebäuden oder Telegrafendrähten. Feuchtigkeit und Nährstoffe beziehen sie aus Luft und Regen, manchmal auch noch aus Ablagerungen um sie herum. Die Wurzeln dienen nur der Befestigung der Pflanze. Tillandsien können leicht auf Rinde befestigt werden wie in den Arrangements »Viktorianische Ausstellung« (Seite 24) und »Hübsch in Pink« (Seite 111). Hierfür benutzte ich einen wasserfesten Klebstoff, aber man kann auch eine Heißklebepistole verwenden, mit der es am schnellsten geht; sobald der Kleber einige Sekunden abgekühlt ist, kann man die Luftpflanzen einfach auf die Rinde drücken. Die Pflanzen können das ganze Jahr über angebracht werden und die Wurzeln fangen an zu wachsen, sobald die Bedingungen optimal sind: Ideal ist ein warmer Tag mit hoher Luftfeuchtigkeit. Besprühen Sie die Luftpflanzen regelmäßig, um eine hohe Luftfeuchtigkeit zu gewährleisten.

PFLANZENKULTUR IN WASSER

Wasserpflanzen sind Pflanzen, die sich an den Lebensraum Wasser oder sumpfige Böden angepasst haben. Die bekanntesten Wasserpflanzen sind Javamoos *(Taxiphylllum barbieri)*, Großes Fettblatt *(Bacopa caroliniana)*, Hornblatt *(Ceratophyllum)*, Brasilianischer Wassernabel *(Hydrocotyle leucocephala)* und Indischer Wasserstern *(Hygrophila difformis)*, die in fast jedem Laden für Aquaristik erhältlich sind.

Die Pflanzen können in einem Wassergarten auf ganz unterschiedliche Weise befestigt werden. In der »Wasserlandschaft« auf Seite 12 habe ich zum Beispiel die Pflanzen mit einem dunklen Baumwollfaden an die Rinde geheftet, während ich sie im »Traum aus Wasser« auf Seite 48 einfach nur mit einigen großen Kieselsteinen an Ort und Stelle halte.

Will man aktive Pflanzen so verwenden, muss das Wasser regelmäßig erneuert werden, insbesondere sobald es anfängt, sich einzutrüben. Ich gebe meist zwei Aspirintabletten ins Wasser, um das Pflanzenwachstum zu unterstützen und zu verhindern, dass sich Bakterien ausbreiten. Zu beachten ist auch, dass an Gefäßwänden und Pflanzenblättern Algen wachsen und mit den Pflanzen um Licht konkurrieren. Algen lassen sich per Hand entfernen, indem man die Gefäßwände beim Wasserwechsel einmal wöchentlich gründlich säubert und die Blätter behutsam mit den Fingern abreibt.

Ein anderer Bereich des Gärtnerns mit Wasser ist die sogenannte Hydrokultur: Dabei wachsen gewöhnliche Pflanzen in einem erdefreien, auf Wasser basierenden Medium – sie nehmen die Nährstoffe über das Wasser auf. Die Wurzeln bekommen meist durch Blähtongranulat und Kieselsteine Halt. Für diese Kultivierungsart werden häufig Pflanzen wie *Tradescantia fluminensis* 'Albovittata' und *Cyperus alternifolius* verwendet, aber auch viele Zwiebelpflanzen wie Hyazinthen.

PFLANZEN IN EINER FLASCHENAMPEL

Mir macht es Spaß, für Gegenstände eine neue Verwendung zu finden, und alte Weinflaschen eignen sich hervorragend dafür, sie in ein bezauberndes Pflanzenarrangement umzufunktionieren (siehe Seite 115). Die Kombination aus dunkelgrünem Glas und violetten und grünen Blättern finde ich faszinierend. Sind die Pflanzen in den Flaschen fixiert, muss man sie nur einmal wöchentlich wässern. Hierfür lässt man in den Flaschenhals vorsichtig einen gleichmäßigen Wasserstrahl einlaufen, um das Substrat und das Moos zu befeuchten.

1 Zuerst am unteren Teil einer Flasche mit einem Glasschneider vorsichtig eine Linie einritzen (es ist ratsam, dabei Arbeitshandschuhe und eine Schutzbrille zu tragen).

2 Über den markierten Teil erst heißes und gleich danach kaltes Wasser laufen lassen.

3 Danach wieder heißes Wasser darüber laufen lassen, bis sich der untere Flaschenteil leicht abtrennen lässt. Die Schnittfläche mit Schleifpapier glätten.

4 Die ausgewählte Pflanze aus dem Topf nehmen, den Wurzelballen vorsichtig in Moos einschlagen und gut mit Draht befestigen; es sollte eine kompakte Kugel entstehen, die von unten in die Flasche eingepasst werden kann. Zwei Drahtstücke am Wurzelballen befestigen; darauf achten, dass sie lang genug sind, um sie von unten durch den Flaschenhals zu schieben und die Flasche dann aufzuhängen.

5 Die Drahtstücke vorsichtig, ohne die Blätter der Pflanze zu beschädigen, in die Flasche einführen.

6 Alle übrigen Flaschen ebenfalls auf diese Weise behandeln und anschließend an der Decke aufhängen – vielleicht in unterschiedlicher Höhe, wodurch sie einen noch stärkeren Blickfang ergeben.

181

BLUMEN SCHNEIDEN FÜR EIN ARRANGEMENT

Dieser verwitterte Milchflaschenträger mit seinen alten Glasflaschen ergibt ein bezauberndes Blumenarrangement für drinnen (oder draußen). Ich entdeckte diese Gegenstände auf einem Flohmarkt, aber man kann dafür genauso gut Milchflaschen und eine Obstkiste verwenden. Das Ergebnis ist auf den Seiten 152 bis 155 zu sehen.

1 Für jede Flasche ein schlichtes Sträußchen aus langstieligen Blumen wählen. Ich bevorzuge eine Mischung aus Wiesenblumen in Pastellfarben.

2 Für dieses Arrangement nahm ich Trommelschlägel *(Craspedia globosa)*, Skabiose *(Scabiosa)*, Minze *(Mentha)*, Kornblume *(Centaurea cyanus)*, Rittersporn *(Delphinium)*, Prärie-Enzian *(Eustoma)* und Wiesen-Kerbel *(Anthriscus sylvestris)*.

3 Die Stiele an den Flaschenboden halten und in gewünschter Höhe abschneiden. Unterschiedlich hohe Blumen wirken natürlicher.

4 Bei den meisten Blumenstielen genügt es, sie unten schräg anzuschneiden. Doch kräftigere Stängel sollte man am Ende zusätzlich mittig einschneiden, damit sie mehr Wasser aufnehmen können. Variieren Sie die Blumensträuße, indem Sie in jeder Flasche drei bis vier verschiedene Farben miteinander kombinieren – so erhält das Arrangement ein hübsch nostalgisches Flair.

BLÜTEN TROCKNEN

Die meisten Blüten, Gräser und Samenstände lassen sich am besten in der Luft trocknen. Dafür müssen alle Blätter am Stiel entfernt werden, bis hinauf zum Blütenkopf. Ich nehme hierfür immer ein ganzes Bund.

Nun werden die Stiele mit einem Gummiband so zusammengebunden, dass sich das Bund nicht lockert, wenn die Stiele schrumpfen; hierfür nur etwa 8 bis 10 Stiele zusammenfassen, damit sie gleichmäßig trocknen und keiner in der Mitte zu faulen beginnt. Das Bund umgekehrt an einen warmen, trockenen, gut durchlüfteten Platz hängen, etwa einen Wäschetrockenschrank oder Keller. Dort bleibt es, bis die Blüten vollkommen trocken sind.

Bei diesem Beispiel wollte ich zwei Rosen trocknen. Die Rose ist eine so ergiebige Blume: sie inspirierte zu zahllosen Redewendungen und Anspielungen in der Literatur, ist ein dramatisches Symbol für die Rosenkriege in England (1455–1487) und *die* Blume am Valentinstag für vergessliche Liebhaber. Für Zimmerdekorationen und Blumenarrangements werden Rosen oft schon verschmäht, weil sie so häufig und überall anzutreffen sind. Und doch gibt es zahllose verschiedene Formen, aus denen man wählen kann. Die zarten Blütenblätter können überaus kunstvoll angeordnet und von Sorte zu Sorte extrem unterschiedlich sein.

Die romantische Anmutung von Rosen bewahrt man am besten, wenn man sie trocknet – was ihnen ein wunderbar nostalgisches Flair verleiht. Ich habe diese beiden elfenbeinfarbenen Rosenknospen eingerahmt; ihre zarten mauve- und rosafarbenen Linien erhöhen noch ihren Reiz und der schwarze Rahmen stellt einen Kontrast zu den hübschen Knospen her.

Für dieses Bild aus getrockneten Blumen muss man die Blüten einige Wochen pressen. Da ich die Knospenform etwas erhalten wollte, presste ich die Blüten nur ganz leicht, indem ich die Schrauben der Blumenpresse nicht zu stark anzog. Etwas weniger dezent kann man die Knospen natürlich auch zwischen zwei Buchdeckel legen und ein Tischbein daraufstellen.

BLUMEN PRESSEN

Die meisten Blätter und Blüten können durch Pressen getrocknet werden. Hier habe ich eine Blumenpresse verwendet, die ich in einem Nippesladen erstanden habe. Die Blätter und Blüten einfach in die Presse legen und mit Lösch- oder Zeitungspapier bedecken. Kleinere Blätter kann man auf Saugpapier wie etwa Küchenkrepp legen, um den Trocknungsvorgang zu beschleunigen. Presse mit den Schrauben schließen und drei Wochen lang ruhen lassen.

PFLANZEN UND STANDORT WÄHLEN

Das Arrangieren, Zusammenstellen und Platzieren von Pflanzen ist eine Art Kunst und man sollte sich ihr genauso widmen wie der Gestaltung von Räumen – sie ist eine Frage des persönlichen Stils und Geschmacks.

Und doch ist es wichtig, einige goldene Regeln zu befolgen, wenn man Gefäße bepflanzt und aufstellt. Genauso wie die Pflanze in Bezug auf Größe und Stil mit ihrem Gefäß harmonieren und die Gestaltung der Umgebung berücksichtigt werden soll, muss man für den vorgesehenen Platz hinsichtlich Lichtintensität, Temperatur und Luftfeuchtigkeit die geeignete Pflanze wählen. Möchten Sie beispielsweise eine Zimmerpflanze an einen sonnigen oder eher dunklen Platz stellen? Brauchen Sie eine Pflanze für das Badezimmer, für die Küche oder vielleicht für eine zugige Diele? Auch wenn die folgenden Aufzählungen nicht vollständig sein können, möchte ich hier doch für verschiedene Wachstumsbedingungen und Räume einige zuverlässige Pflanzen empfehlen.

PFLANZEN FÜR SONNIGE PLÄTZE

Eine Pflanze auf ein Fensterbrett in die pralle Sonne zu stellen, erhöht die Temperatur des Pflanzensafts und zerstört die Pflanzenzellen. Es ist also wichtig, solche Standorte zu meiden. Die unten aufgeführten Pflanzen gedeihen gut an sehr hellen, sonnigen Plätzen. Zu lange direkte Sonneneinstrahlung ist aber für Pflanzen schädlich, da Glas die Sonnenstrahlen verstärkt – selbst Kakteen lieben nicht die direkte Sonne eines Südfensters im Sommer!

Ficus binnendijkii 'Amstel King'

Dieser Feigenbaum ist ideal für einen sehr hellen Platz. Die üppige robuste Sorte hat große Blätter, wobei die jungen einen hübschen rötlichen Ton zeigen. Sie ist eine gute Alternative zu *Ficus benjamina*.
Standort: Sehr helles, indirektes Licht bis leichter Schatten. Toleriert etwas direkte Sonne.
Temperatur: Mittlere Raumtemperatur (18–24 °C).
Gießen: In der Wachstumsphase regelmäßig; vor erneutem Gießen jedoch die Substratoberfläche leicht antrocknen lassen. Im Winter nur selten gießen. Gelegentlich sprühen.
Düngen: Etwa einmal im Monat mit Flüssigdünger.
Tipp: Bei Bedarf im Winter einen Formschnitt.

Hibiscus rosa-sinensis China-Hibiskus

Dieser schöne tropische Strauch ist für jeden Raum eine Bereicherung. Viele farbenprächtige, blühende Sträucher aus den Tropen können für einen tropischen Zimmergarten kultiviert werden; ihre Blüten stellen die ideale Grundlage für ihn dar.
Standort: Direkte, aber keine pralle Sonne.
Temperatur: Mittlere Raumtemperatur (18–24 °C).
Gießen: In der Wachstumsphase regelmäßig; vor erneutem Gießen jedoch die Substratoberfläche leicht antrocknen lassen.
Düngen: Einmal im Monat mit Flüssigdünger.
Tipp: Ein starker Rückschnitt führt zur Bildung von vielen Seitensprossen, die üppig Knospen ansetzen.

Sansevieria trifasciata var. *laurentii*

Bogenhanf, Sansevierie
Sansevierien passen perfekt in moderne Interieurs. Ihre prächtigen langen, schwertförmigen Blätter mit elegantem goldfarbenem Rand können bis zu 1 m hoch werden – als Gruppe aus mehreren Pflanzen ergeben sie ein markantes Raumelement.
Standort: Verträgt eine ganze Bandbreite von verschiedenen Plätzen, von voller Sonne bis leichten Schatten.
Temperatur: Mittlere Raumtemperatur (18–24 °C).
Gießen: Sobald das Substrat trocken ist; im Winter jedoch weniger wässern. Benötigt keine hohe Luftfeuchtigkeit.
Düngen: Alle ein bis zwei Monate mit Flüssigdünger.
Tipp: Wenn die Wurzeln den Topf vollständig ausfüllen, bietet sich die Möglichkeit, die Pflanze herauszunehmen, zu teilen und getrennt wieder einzutopfen.

Yucca elephantipes Riesen-Palmlilie

Palmlilien vertragen volle Sonne und sind anspruchslos.
Standort: Gedeiht an sehr hellen Plätzen und toleriert auch direkte Sonneneinstrahlung. Auch wenn sie etwas Schatten verträgt, sollte man sie von Zeit zu Zeit drehen, da sich sonst die Zweige einseitig dem Licht zuneigen.
Temperatur: Als sehr robuste Pflanze gedeiht sie an den meisten Standorten.
Gießen: Im Sommer häufig, im Winter nur gelegentlich. Je mehr Wasser die Pflanze im Sommer erhält, desto stärker wird sie wachsen. Vor erneutem Gießen sollte die Substratoberfläche angetrocknet sein.
Düngen: Im Sommer etwa alle drei Wochen mit Flüssigdünger; seltener, wenn man das Wachstum einschränken möchte.
Tipp: Ein gut durchlässiges Substrat verwenden. Man kann die Pflanze im Sommer ins Freie stellen.

Zamioculcas zamiifolia Zamiokulkas

Jeder der Triebe, die aus dem Topfsubstrat emporragen, ist in Wirklichkeit ein Blatt, und die »Blätter« wiederum sind eigentlich Fiederblättchen. Eine anspruchslose Pflanze für jeden Raum.
Standort: Bevorzugt leichten Schatten, toleriert aber auch etwas Sonne.
Temperatur: Mittlere Raumtemperatur, doch im Winter nicht unter 18 °C.
Gießen: Vor erneutem Gießen sollte die Substratoberfläche angetrocknet sein. Im Winter nur wenig gießen.
Düngen: In der Wachstumsphase etwa einmal monatlich mit schwachem Flüssigdünger.
Tipp: Wenn die Pflanze für ihr Gefäß zu groß geworden ist und umgetopft werden müsste, kann man sie teilen und neu eintopfen. Zamiokulkas dürfen nicht zu nass gehalten werden, da sie sonst im Winter zu faulen beginnen.

PFLANZEN FÜR HALBSCHATTIGE BIS SCHATTIGE PLÄTZE

Pflanzen wachsen nur an Standorten, wo sie genug Licht erhalten, weil ansonsten die Fotosynthese nicht in vollem Umfang stattfinden kann. Da panaschierte Blätter in den helleren Partien weniger Chlorophyll haben, benötigen solche Pflanzen mehr Licht als dunkelblättrige, die schattige Plätze eher vertragen. Besonders Blühpflanzen brauchen viel Licht. Pflanzen gedeihen auch besser, wenn die Standortbedingungen konstant sind. Deshalb sollte man sie nicht in der Nähe von Außentüren platzieren, denn dort sind sie meist der Zugluft ausgesetzt und ihre Blätter nehmen beim Vorbeigehen leicht Schaden. Schattige, zugige Verhältnisse sind typisch für Dielen und Flure, weshalb man die Pflanzen für solche Bereiche besonders sorgfältig auswählen muss.

Aloe vera
Echte Aloe

Eine anspruchslose Pflanze, die nicht viel Zuwendung benötigt und deshalb ideal für viel beschäftigte und zerstreute Pflanzenliebhaber ist.
Standort: Aloen gedeihen zwar in der Sonne, doch in grellem Licht verfärben sie sich braun. Am besten ist indirektes Sonnenlicht.
Temperatur: Mittlere Raumtemperatur (18–24 °C).
Gießen: Da die Aloe eine Sukkulente ist, darf man sie nicht zu viel gießen. Vor erneutem Gießen sollte die Substratoberfläche gut angetrocknet sein; im Winter weniger gießen, da sie nicht so schnell austrocknet.
Düngen: Während der Wachstumsphase einmal monatlich mit etwa einem Viertel der üblichen Verdünnung.
Tipp: Das aus den Blättern gewonnene Gel wirkt kühlend und beruhigend bei Hautverletzungen wie Verbrennungen, Schnitten, Stichen, Blutergüssen und Ausschlägen sowie bei Schwielen, Blasen, Juckreiz, Infektionen und Schürfwunden.

Calathea
Korbmaranthe

Obwohl sie als Zimmerpflanze weithin bekannt ist – Calathea ist nach wie vor eine verblüffende Pflanzengattung. Mit markanten Blattzeichnungen und violetten Blattunterseiten sind diese Pflanzen die richtige Wahl für einen etwas dunkleren Raum.
Standort: Im Sommer hellen Schatten. Im Winter ist mehr Licht zwar ideal, aber man darf die Pflanze nicht in die direkte Sonne stellen, da sonst die Farbe der Blätter verblasst und die Pflanze Schaden erleidet.
Temperatur: Warm halten (mindestens 16 °C).
Gießen: Im Sommer gut wässern; das Topfsubstrat sollte stets feucht sein. Calathea liebt auch eine hohe Luftfeuchtigkeit und muss daher regelmäßig besprüht werden. Braune Blattspitzen sind ein Zeichen für zu geringe Luftfeuchtigkeit.
Düngen: Mit einer sehr schwachen Lösung; der Hälfte der empfohlenen Verdünnung.
Tipp: Nicht zu oft Umtopfen und ein Substrat auf Torfersatzbasis verwenden.

Campanula
Glockenblume

Diese hübsche Blühpflanze ist einfach als Zimmerpflanze zu kultivieren. Sie benötigt nur kühle Luft, ein feuchtes Topfsubstrat und indirektes Sonnenlicht. Bei guter Pflege darf man von Hoch- bis Spätsommer und sogar bis in den Herbst hinein auf zahllose violettblaue Blüten hoffen.
Standort: Sehr helles, indirektes Licht. Etwas direktes Sonnenlicht im Winter ist ideal.
Temperatur: Kühle bis mittlere Raumtemperatur (7–18 °C).
Gießen: Das Substrat feucht halten, aber in der Wachstums- und Blühphase nicht durchnässen. Staunasses Substrat fördert Wurzelfäule. Nach der Blüte sollte die Substratoberfläche vor erneutem Gießen immer antrocknen.
Düngen: Von Frühling bis Herbst alle zwei Wochen mit einem ausgewogenen Flüssigdünger in halber Verdünnung.
Tipp: Verwelkte Blüten entfernen, um die Blühzeit zu verlängern.

Hedera helix
Gewöhnlicher Efeu

Die üppigen hängenden Ranken haben dekorative gelappte Blätter.
Standort: Sehr hell, aber keine direkte Sonne. Werden die Blätter einer panaschierten Efeusorte zunehmend grün, hat die Pflanze nicht genügend Licht.
Temperatur: Verträgt einen großen Temperaturbereich.
Gießen: Das Topfsubstrat sollte von Frühling bis Herbst stets gleich feucht, aber nicht durchnässt sein, im Winter etwas trockener.
Düngen: Von Frühling bis Herbst einmal im Monat mit einem stickstoffreichen Flüssigdünger.
Tipp: Um einen Efeu im Zaum zu halten, kann er jederzeit leicht geschnitten werden.

Narcissus
Narzisse

Mit Narzissen als Zimmerpflanzen kann man sich im Frühling zu Hause an den leuchtenden Farben erfreuen.
Standort: Sehr helles, indirektes Licht. Den Topf immer wieder drehen, denn Narzissen neigen sich der Lichtquelle zu.
Temperatur: Verträgt kühlere und zugige Bedingungen (ideal sind 16 °C).
Gießen: Das Topfsubstrat stets etwas feucht halten. Wachsende Narzissen sind durstig, weshalb man das Substrat regelmäßig daraufhin überprüfen sollte.
Düngen: Alle zwei Wochen mit einem ausgewogenen Flüssigdünger in halber Verdünnung.
Tipp: Narzissenzwiebeln können in Räumen kein zweites Mal zum Blühen gebracht werden. Doch man kann sie ins Freie setzen, wo es aber zwei, drei Jahre dauern kann, bis sie erneut blühen

Saxifraga stolonifera
Judenbart

Diese Pflanze wächst in einer Art Rosette aus rundgezackten, gestielten Blättern mit dekorativen, silberfarbenen Adern. Die Blätter sind behaart und haben weinrote Unterseiten.
Standort: Bevorzugt das ganze Jahr über einen sehr hellen Platz. Etwas direkte Morgensonne ist gut, aber starke Sonne sollte vermieden werden, da sonst die Blätter verblassen können.
Temperatur: 10–24 °C, ab etwa 19 °C für eine höhere Luftfeuchtigkeit sorgen.
Gießen: Gründlich wässern, doch vor erneutem Gießen das Topfsubstrat 2–3 cm tief antrocknen lassen. Im Winter, wenn die Pflanze langsamer wächst, weniger gießen.
Düngen: Im Frühling und Sommer monatlich mit einem ausgewogenen Flüssigdünger in halber Verdünnung.
Tipp: Trockenes Substrat kann zu vertrockneten Blättern führen. Deshalb das Substrat stets etwas feucht halten.

Spathiphyllum
Einblatt

Diese blühende Zimmerpflanze aus Südamerika ist sehr leicht zu pflegen. Sie verträgt die üblichen Wachstumsbedingungen in Räumen viel besser als die meisten Zimmerpflanzen.
Standort: Toleriert leicht schattige Plätze.
Temperatur: Mittlere Raumtemperatur (18–24 °C).
Gießen: Das Topfsubstrat gleichmäßig feucht halten. Einen Topf mit ausreichend Abzugslöchern verwenden, damit keine Staunässe entsteht, die zu Wurzelfäule führen kann.
Düngen: Im Frühling und im Sommer einmal im Monat mit einem ausgewogenen Flüssigdünger in halber Verdünnung.
Tipp: Diese Pflanze ist giftig, deshalb vor Kindern und Haustieren fernhalten. Nach Berührung gründlich die Hände waschen.

Tolmiea menziesii 'Taff's Gold'
Lebendblatt

Diese Pflanze trägt das ganze Jahr über cremefarben-grünes, halbimmergrünes Laub.
Standort: Mäßig hell bis sehr hell, aber keine direkte Sonne.
Temperatur: Mäßige bis mittlere Raumtemperatur (10–24 °C).
Gießen: Während der Wachstumsperiode regelmäßig, dabei das Topfsubstrat gleichmäßig feucht, aber nicht durchnässt halten.
Düngen: Im Frühling und im Sommer einmal monatlich mit einem ausgewogenen Flüssigdünger in halber Verdünnung.
Tipp: Im Sommer erscheinen manchmal Blütentrauben mit röhrenförmigen Einzelblüten – doch nur selten bei in Räumen kultivierten Pflanzen.

Tradescantia 'Isis'
Dreimasterblume

Dreimasterblumen sind hängend oder büschelig wachsende, krautige Pflanzen mit fleischigen, immergrünen Blättern und charakteristischen dreizähligen Blüten.
Standort: Halbschattiger Platz.
Temperatur: Mittlere bis hohe Raumtemperatur (18–27 °C).
Gießen: Gründlich wässern; vor erneutem Gießen die Substratoberfläche 2–3 cm tief antrocknen lassen.
Düngen: Im Frühling und im Sommer einmal monatlich mit ausgewogenem Flüssigdünger (Stickstoff: 10, Phosphat: 10, Kalium: 10) in halber Verdünnung.
Tipp: Im Frühjahr in ein größeres Gefäß umtopfen.

Yucca
Palmlilie

Diese anspruchslosen Pflanzen haben eine markante Silhouette.
Standort: Sehr hell bis volle Sonne.
Temperatur: Mäßige bis mittlere Raumtemperatur (10–24 °C).
Gießen: Das Topfsubstrat von Frühling bis Herbst feucht halten. Im Winter nur so viel gießen, dass es nicht austrocknet.
Düngen: Im Frühling und im Sommer alle zwei Wochen mit einem ausgewogenen Flüssigdünger.
Tipp: Im Sommer kann man Palmlilien ins Freie stellen, wo sie täglich etwas direkte Sonne erhalten. Im Freien bringen sie vielleicht auch hohe Blütenstände mit duftenden weißen Blüten hervor.

PFLANZEN FÜRS BADEZIMMER

Die Bedingungen in einem Badezimmer sind oft ganz unterschiedlich: Manchmal ist es heiß und dampfig, in der nächsten Minute bereits wieder kühl und trocken. Durch den Dampf ist die Luftfeuchtigkeit hoch. Pflanzen müssen also Temperaturschwankungen gut vertragen können.

Achimenes-Arten
Schiefteller

Die Blüten dieser Pflanzen erscheinen an kurzen Stielen, die aus den Blattachseln wachsen.
Standort: Direktes Sonnenlicht vermeiden.
Temperatur: Mittlere Raumtemperatur (18–24 °C). Die Pflanzen vertragen zwar eine Mindesttemperatur von bis zu 12 °C, doch über 25 °C verkümmern die Blütenknospen.
Gießen: Das Topfsubstrat stets gleichmäßig feucht halten; trocknet es einmal aus, geht die Pflanze in die Ruhephase über. Im Winter nicht wässern.
Düngen: Während der Blüte alle zwei Wochen mit einem Flüssigdünger mit hohem Phosphoranteil in bis zu einem Viertel der üblichen Verdünnung.
Tipp: *Achimenes* legt im Winter eine Ruhepause ein. Wenn die Blühphase im Herbst zu Ende geht, sollte man das Wässern reduzieren und die oberirdischen Pflanzenteile natürlich absterben lassen.

Adiantum-Arten
Frauenhaarfarn

Frauenhaarfarne sind Blattpflanzen mit überhängenden, schwarzen, federnden Wedeln voller dreieckiger grüner Fiederblättchen.
Standort: Mäßig hell bis sehr hell, aber keine direkte Sonne.
Temperatur: Mittlere Raumtemperatur (16–24 °C).
Gießen: Die Wurzeln dieser Farne dürfen weder zu nass stehen noch austrocknen.
Düngen: Von Frühling bis Sommer einmal im Monat mit einem Flüssigdünger in halber Verdünnung.
Tipp: Diese aus den Tropen stammende Pflanze benötigt eine hohe Luftfeuchtigkeit, wie es sie in den meisten Wohnungen und Häusern nicht gibt. Deshalb lässt sie sich am besten in Terrarien kultivieren, in denen die Luftfeuchtigkeit naturgemäß hoch ist.

Aphelandra squarrosa
Glanzkölbchen

Diese Pflanze ist wegen ihres aufsehenerregenden Laubs und ihren schönen leuchtendgelben Blüten sehr empfehlenswert.
Standort: Sehr hell, aber keine direkte Sonne. Runzlige oder eingerollte Blätter sind ein Anzeichen dafür, dass die Pflanze zu hell steht.
Temperatur: Das ganze Jahr über relativ hohe Raumtemperatur (18–27 °C).
Gießen: Das Topfsubstrat das ganze Jahr über gleichmäßig feucht halten. Bei trockenem Substrat welken die Blätter und fallen ab.
Düngen: Im Frühling und im Sommer einmal im Monat mit einem ausgewogenen Flüssigdünger in halber Verdünnung.
Tipp: Die Blätter regelmäßig mit einem feuchten Tuch abwischen, damit sie immer staubfrei sind und schön glänzen.

Asparagus densiflorus
Sprengeri-Gruppe
Zier-Spargel

Trotz ihres farnartigen Aussehens ist diese Pflanze kein Farn, sondern gehört der Familie der Spargelgewächse an.
Standort: Sehr hell, aber keine direkte Sonne, da sie die Blätter versengen kann.
Temperatur: Mittlere Raumtemperatur (16–24 °C).
Gießen: Gründlich wässern; vor erneutem Gießen die Substratoberfläche aber etwas antrocknen lassen. Im Winter zwar weniger gießen, aber das Substrat nie ganz austrocknen lassen.
Düngen: Im Sommer mit Flüssigdünger. Diese Pflanze benötigt nicht viel Pflege.
Tipp: Ein Platz mit diffusem Licht ist ideal für einen Zier-Spargel.

Dracaena sanderiana
Glücksbambus

Eine aufsehenerregende Drachenbaumart mit schlanken, aufrechten Stielen und anmutig überhängenden grünen Blättern. Diese Zimmerpflanze ist ganz einfach zu pflegen. Man kann sie in einer mit Wasser gefüllten Vase kultivieren und mithilfe von Kieselsteinen aufrechthalten.
Standort: Sehr hell, aber keine direkte Sonne, die die Blätter versengt.
Temperatur: Mittlere Raumtemperatur (16–24 °C).
Gießen: Das Wasser alle ein bis zwei Wochen wechseln.
Düngen: Alle zwei Monate mit einem Allzweckflüssigdünger; oft genügt schon ein Tropfen.
Tipp: Die Pflanze reagiert empfindlich auf Chlor, Fluorid und andere Chemikalien, wie sie oft im Leitungswasser vorkommen. Deshalb nur destilliertes Wasser oder Tafelwasser aus der Flasche verwenden.

Exacum affine
Blaues Lieschen

Dies ist eine wunderschön blühende Zimmerpflanze.
Standort: Sehr hell. Etwas Morgensonne ist ideal, aber zu heiße Nachmittagssonne muss man vermeiden, da sie die Pflanze versengen kann.

Temperatur: Mittlere Raumtemperatur (18–24 °C); keine Zugluft.
Gießen: Das Topfsubstrat stets gleichmäßig feucht, aber nicht durchnässt halten.
Düngen: Während der Blüte alle zwei Wochen mit einem ausgewogenen Flüssigdünger in halber Verdünnung.
Tipp: Verwelkte Blüten entfernen, das verlängert die Blühzeit.

Nephrolepis exaltata Schwertfarn

Der Schwertfarn absorbiert Schmutzpartikel in der Luft und gibt Wasserdampf ab: Er wirkt wie ein natürlicher Luftbefeuchter.
Standort: Mäßig hell bis sehr hell, aber keine direkte Sonne. Den Topf etwa einmal in der Woche um ein Viertel drehen, damit alle Seiten Licht erhalten.
Temperatur: Mittlere Raumtemperatur (16–24 °C).
Gießen: Das Topfsubstrat stets feucht halten, aber nicht durchnässt. Große Farne und Ampeln regelmäßig kontrollieren, da sie schnell austrocknen können.
Düngen: Das ganze Jahr über im 14-tägigen Abstand mit einem ausgewogenen Flüssigdünger in halber Verdünnung.
Tipp: Gelbe und welke Wedel sind ein Anzeichen für zu viel Wasser: Wassermenge reduzieren und beschädigte Wedel entfernen.

Peperomia-Arten Zwergpfeffer

Diese kompakte Pflanze hat kurze Triebe mit vielen herzförmigen, tief gerippten Blättern, die grün, manchmal auch leicht rot überhaucht sind und dunkelgrüne Adern aufweisen.
Standort: Wenig bis sehr viel Licht, aber keine direkte Sonne.
Temperatur: Mittlere Raumtemperatur (18–24 °C).
Gießen: Stets nur etwas feucht halten.
Düngen: Von Frühling bis Herbst einmal monatlich mit einem ausgewogenen Flüssigdünger in halber Verdünnung.

Licht von einem Dachfenster und Luftfeuchtigkeit bieten ideale Wachstumsverhältnisse.

Tipp: Abfallende Blätter können auf Salzbildung im Topfsubstrat durch weiches Wasser oder zu viel Dünger zurückzuführen sein.

Polyscias fruticosa Fiederaralie

Innenarchitekten lieben die Fiederaralie, denn sie erinnert an einen Fächer-Ahorn. Der Schlüssel zur Pflege dieses wunderschönen kleinen Baums sind Feuchtigkeit und Wärme.
Standort: Auch wenn diese Pflanze ganz unterschiedliche Lichtverhältnisse toleriert, von wenig Licht bis volle Sonne, sollte sie einen sehr hellen Platz erhalten.
Temperatur: Mittlere bis hohe Raumtemperatur (18–29 °C).
Gießen: Gründlich wässern; vor erneutem Gießen das Topfsubstrat antrocknen lassen.
Düngen: Von Frühling bis Herbst einmal im Monat mit einem ausgewogenen Flüssigdünger.
Tipp: Im Winter, wenn sich das Wachstum verlangsamt, die Wassergaben reduzieren.

GERÄTE, MATERIALIEN, TECHNIKEN

PFLANZENPFLEGE

Auch wenn Pflanzen eine Veränderung ihrer Wachstumsverhältnisse etliche Zeit vertragen: Eine beständige Pflege ist unerlässlich, sollen sie gesund bleiben. Sukkulenten beispielsweise können aufgrund ihrer Reserven etwas Vernachlässigung besser überstehen als ein Sämling, der auf nichts zurückgreifen kann.

RICHTIG WÄSSERN

Pflanzen sollten während ihrer Wachstumsphase im Frühling und Sommer stärker gegossen werden als im Winter, wenn sie ruhen. Ob eine Pflanze Wasser benötigt, kann man überprüfen, indem man den Finger etwa 1 cm tief ins Substrat steckt – ist es nicht feucht, muss man die Pflanze gießen. Ist das Substrat mit einer dekorativen Abdeckung versehen, schiebt man sie an einer Stelle etwas beiseite, um an das Substrat zu kommen.

Es gibt zwei Methoden, die Pflanze zu gießen: entweder von oben, was praktisch ist und sicherstellt, dass das Wasser gleichmäßig verteilt wird; hierfür sollten zwischen der Substratoberfläche und dem Gefäßrand etwa 2–3 cm Platz sein, damit möglichst viel Wasser die Pflanze erreicht. Die andere Möglichkeit ist, von unten zu gießen, also über den Untersetzer. Dadurch verhindert man, dass der Wurzelhals der Pflanze nass wird und verfault. Besonders bei fleischigen Pflanzen wie dem Alpenveilchen ist das sinnvoll.

EINE VERWELKTE PFLANZE WIEDERBELEBEN

Wassermangel kann sich auf eine Pflanze sehr negativ auswirken: Sie scheint über Nacht schlapp zu machen und nur noch aus herabhängenden Trieben und welken Blüten zu bestehen. Da das Topfsubstrat sich von der Gefäßwand zurückzieht, ist es für die Pflanze schwierig, Wasser aufzunehmen. Um die Pflanze wiederzubeleben, sollte man sie aus der Sonne nehmen und an einen kühlen Ort stellen, dann das gesamte Gefäß in einem Behälter mit lauwarmem Wasser etwa 30 Minuten lang untertauchen (sollte das Gefäß an die Oberfläche kommen, mit ein paar großen Kieselsteinen beschweren). Danach 10 Minuten ablaufen lassen. Die Pflanze sollte nach etwa einer Stunde erste Zeichen einer Wiederbelebung zeigen. Eine Pflanze derart mit Wasser zu versorgen, führt zu einer guten Verdunstung und hilft ihr, sich wieder zu erholen.

ZU VIEL WASSER

Färben sich die Blätter einer Pflanze gelb oder fangen sie an abzufallen, dann wurde sie vermutlich zu stark gewässert. Als Erstes nimmt man sie aus dem Topf und wickelt sie in mehrere Lagen Zeitungspapier oder Küchenkrepp ein, um das überschüssige Wasser aufzusaugen. Danach die Pflanze nur feucht halten und nicht in direktes Sonnenlicht stellen, bis sich die Wurzeln wieder erholt haben.

TAUCHBAD

Einige Pflanzen, wie etwa Orchideen, werden in grobes, lockeres Topfsubstrat gepflanzt, weshalb es schwer zu erkennen ist, wann sie Wasser benötigen. Eine Lösung ist hier ein Tauchbad, das man einmal wöchentlich anwendet. Dafür die Pflanze einfach etwa 10 Minuten in ein Gefäß mit lauwarmem Wasser stellen und danach etwa 20 Minuten auf ein Ablaufgitter, damit das überschüssige Wasser ablaufen kann.

VERSORGUNG WÄHREND DES URLAUBS

Geht eine Pflanze ein, ist der Grund meist Wassermangel. Das Gießen von Pflanzen kann zum Problem werden, wenn man verreist ist und niemanden hat, der sich um die Pflanzen kümmert. Doch glücklicherweise gibt es einige Methoden, wie sich Pflanzen vor Austrocknung schützen lassen:

• **Kapillarmatte:** Sie ist in Gartencentern erhältlich (nach meiner Erfahrung ist 1 m ausreichend). Das Spülbecken etwa drei Viertel mit Wasser füllen und die Kapillarmatte eintauchen, sodass sie gleichmäßig feucht ist. Dann das eine Ende der Matte in das Wasser und das andere Ende über die Ablaufablage legen. Diese Methode funktioniert nur, wenn das Topfsubstrat Kontakt mit der Matte hat und sich keine Dränageschicht auf dem Boden des Pflanzgefäßes befindet. Die Blumentöpfe auf die Matte stellen.

• **Dochtsystem:** Hierfür braucht man einen langen Streifen Kapillarmatte. Eine Schüssel so platzieren, dass sie höher als die Substratoberfläche steht. Die Schüssel mit Wasser füllen, den Mattenstreifen hineinlegen und mit einem Stein beschweren. Das andere Ende des Streifens in das Substrat schieben.

• **Tropfreservoir:** Von einer Plastikflasche mit intaktem Deckel den Boden entfernen. In den Deckel einige Löcher bohren, durch die das Wasser sickern kann. Die Flasche mit dem Deckel voran in das Substrat stecken und die Flasche mit Wasser füllen.

LUFTFEUCHTIGKEIT ERHÖHEN

Es gibt mehrere Methoden, die Luftfeuchtigkeit um Pflanzen zu erhöhen, zum Beispiel das Besprühen der Blätter mit Wasser. Man kann auch eine Pflanze in einen Untersetzer stellen und darin einige Kieselsteine verteilen. Dann den Untersetzer mit Wasser füllen, sodass die feuchten Kieselsteine die Luftfeuchtigkeit erhöhen. Luftpflanzen müssen regelmäßig besprüht werden, da sie die nötige Feuchtigkeit über die Luft aufnehmen.

DÜNGEN

Es ist absolut notwendig, Zimmerpflanzen zu düngen – nur so bleiben sie gesund. Dünger setzen sich im Wesentlichen aus drei Hauptkomponenten zusammen: Stickstoff (N) für das Blattwachstum und als Mittel, vergilbte Pflanzen wieder ergrünen zu lassen; Phosphor (P) für die Wurzelbildung; Kalium (K) zur Förderung der Blüte. Andere wichtige Düngerbestandteile sind die Spurenelemente, die in den meisten (doch nicht in allen) Mehrnährstoffdüngern enthalten sind. Beim Kauf eines Pflanzendüngers sollte man deshalb nicht vergessen, einen Blick auf die Angaben zur Zusammensetzung zu werfen; diese Kennzeichnung ist zudem gesetzlich vorgeschrieben.

Generell wird nur während der Wachstumsphase, wenn oft gewässert wird, gedüngt. Wurde die Pflanze gerade frisch umgetopft, muss man sie einige Monate lang nicht düngen, da das Topfsubstrat über genügend Nährstoffe verfügt. Die meisten Pflanzen profitieren von einer Düngergabe alle zwei bis vier Wochen. Vermeiden sollte man jedoch, mehrfach vergessenes Düngen durch erhöhtes zu kompensieren – daraus entstehen Probleme, wie etwa verwelkte Blätter.

Die drei wichtigsten Düngerarten für Zimmerpflanzen sind:
- **Düngerpulver oder Flüssigdünger:** Sie werden mit Wasser verdünnt und in regelmäßigen Abständen beim Gießen verabreicht. Ein ausgewogener Flüssigdünger erfüllt die Ansprüche der meisten Pflanzen. Doch für bestimmte Arten, wie Orchideen, Zitruspflanzen oder (kalkfliehende) Eriken, gibt es auch Spezialdünger.
- **Granulatdünger:** Er wird dem Substrat beim Eintopfen der Pflanze untergemischt. Es gibt auch Granulatkugeln oder -kegel, die man in das Substrat schieben kann.
- **Düngerstäbchen:** Sie werden einfach in das Substrat gesteckt, wo sie die Nährstoffe langsam abgeben.

Von oben links im Uhrzeigersinn: Düngerpulver, Düngerkegel, Flüssigdünger.

EINE KOPFDÜNGUNG VERABREICHEN

Mit einer Kopfdüngung gönnt man Zimmerpflanzen eine Auffrischung. Dazu einfach die obere Schicht des alten Topfsubstrats entfernen. Etwas Langzeitdünger verteilen und darauf eine Lage frisches Substrat. Anschließend gut wässern. Wer Lust hat, verteilt noch eine dekorative Abdeckung, zum Beispiel aus Kieselsteinen, darauf.

MEHR LICHT

Zimmerpflanzen können Licht besser absorbieren und somit das Beste aus dem vorhandenen Licht machen, wenn ihre Blätter sauber sind. Deshalb sollte man Schmutz und andere Ablagerungen mit einem feuchten Lappen oder einem Schwämmchen an einem Stab wegwischen. Staub lässt sich mit einem weichen Pinsel sanft entfernen; besonders nützlich bei Kakteen, da man mit ihm gut an alle Stellen zwischen den Dornen kommt.

EINTOPFEN

Der Begriff »eintopfen« beschreibt nicht nur den Vorgang, wenn Sämlinge und Stecklinge zum ersten Mal in einen eigenen Topf verpflanzt werden und ihren endgültigen Standort erhalten. Darunter versteht man auch, eine Pflanze in ein größeres Gefäß umzusetzen, wo sie mehr Platz zum Wachsen hat. Während sich die Wurzeln im Garten frei ausbreiten können, werden Pflanzen in Gefäßen manchmal zu groß für ihre Töpfe und stehen dann viel zu eng. Das führt dazu, dass das Wurzelsystem einwächst, die Wurzeln im Topf um sich selbst wachsen und eine undurchdringliche Wand bilden. Als Folge davon können die Pflanzen nicht mehr genügend Wasser und Nährstoffe aufnehmen.

1 Die Pflanze etwa eine Stunde vor dem Umpflanzen gut wässern, damit sie einfacher aus dem Gefäß zu nehmen ist. Vorsichtig aus dem Topf heben und die Wurzeln behutsam entwirren, damit sie in das neue Substrat hineinwachsen können.

2 Auf dem Boden des neuen Gefäßes eine Dränageschicht ausbreiten und darauf einen Lage frisches Topfsubstrat geben. Die Pflanze in ihren neuen Topf stellen und ringsum Substrat einfüllen.

3 Zum Schluss auch oben Substrat verteilen. Festdrücken, sodass zwischen dem oberen Gefäßrand und der Substratoberfläche 2–3 cm Platz bleiben. Gut wässern.

SCHNEIDEN

Der Hauptgrund für einen Schnitt ist meistens das Entfernen von toten, beschädigten oder befallenen Trieben. Bei buschig wachsenden Pflanzen müssen die Triebenden und Seitenzweige geschnitten werden, damit die Silhouette erhalten bleibt. Pflanzen mit markanten Formen sehen durch regelmäßiges Schneiden stets tadellos aus, und Blühpflanzen werden durch das Entfernen von welken Blüten zu neuer Blütenbildung angeregt. Schneiden kann man eigentlich immer, wenn es nötig ist, aber die beste Zeit dafür ist im Frühjahr, da der Neuaustrieb dann wuchskräftiger ist. Einige nützliche Schnitttechniken für den Anfang:

• **Schnittführung:** Entweder knapp über einem nach außen zeigenden Auge einen schrägen Schnitt oder über einem gegenständigen Augenpaar einen geraden Schnitt ausführen. Die Ansatzstelle für den Schnitt ist sehr wichtig, denn man darf ihn weder zu nahe am Auge vornehmen, da dabei das Auge leicht beschädigt werden kann, noch zu weit entfernt, da dies Krankheiten am Trieb fördert.

• **Ausknipsen:** In den Sprossspitzen der Pflanze findet sich die höchste Konzentration an Wachstumshormonen, sodass der Wuchs der unteren Pflanzenteile unterdrückt wird. Das Entfernen der Sprossspitzen regt in den anderen Bereichen der Pflanze das Wachstum an, wodurch sich in fast allen Blattachseln Seitentriebe entwickeln. Ausknipsen fördert also einen dichten, buschigen Wuchs. Mit Zeigefinger und Daumen lassen sich die Sprossspitzen von Kletterpflanzen leicht ausknipsen; für kräftigere Triebe kann man zu einer Gartenschere greifen.

• **Ausputzen:** Die meisten Pflanzen stellen das Wachstum ein, wenn sie einmal Samen angesetzt haben. Noch bevor es dazu kommt, sollte man welke Blüten entfernen, um die Knospenbildung zu fördern – denn die Pflanze möchte von Natur aus Samen ansetzen. Zudem reduziert das Ausputzen auch das Risiko, dass Blütenblätter auf Blätter fallen und dort zu Fäulnis führen. So viele Blüten wie möglich (und nötig) wegschneiden.

VERMEHRUNG

Zimmerpflanzen lassen sich auf ganz unterschiedliche Arten vermehren, unter anderem durch Aussaat, Stecklinge, Teilung, Ableger und Pfropfen.

AUSSAAT

Pflanzensamen auszusäen ist eine sehr preiswerte Methode, mehr Zimmerpflanzen zu erhalten.
Geeignete Pflanzen: Glockenblume (*Campanula*), Glyzine (*Wisteria*) nach Bonsai-Art und Buntnessel (*Solenostemon scutellarioides*).

1 Ein Gefäß bis zu einem Viertel mit Dränagematerial (Kiesel oder Steinbruch) füllen und anschließend bis zum Rand mit Topfsubstrat.

2 Die Samen gleichmäßig auf der Substratoberfläche verteilen (dabei die Empfehlungen auf den Samentütchen beachten) und mit einer Glasplatte abdecken. Das Gefäß in einen Untersetzer stellen und diesen mit Wasser füllen; so entstehen optimale Keimbedingungen. Das Gefäß mit Untersetzer an einen sonnigen Platz stellen und warten, bis die Samen keimen.

3 Sobald die Samen keimen, die Glasplatte mit einem Stein oder Ähnlichem etwas anheben, damit die Luft zirkulieren kann.

4 Sind die Sämlinge größer geworden, das Gefäß vorsichtig leeren, um einfach an sie zu gelangen. Die Sämlingspflanzen in Saatschalen verpflanzen: Hierfür im frischen Substrat mit einem Pflanzstöckchen kleine Pflanzlöcher vorbereiten; so werden die Sämlinge in richtigem Abstand zueinander eingesetzt (dabei die Empfehlungen auf den Samentütchen beachten). Rings um die Pflänzchen behutsam weiteres Substrat andrücken und warten, bis sie heranwachsen.

5 Sind die Pflänzchen größer geworden, kann man sie jeweils einzeln eintopfen.

STAMMSTECKLINGE UND BLATTSCHNITTLINGE

Bei der Vermehrung durch Stecklinge und Schnittlinge entfernt man von der Elternpflanze einen Teil, entweder vom Blatt, dem Stamm oder der Wurzel, um daraus eine neue Pflanze zu ziehen. Diese Art der Vermehrung wird vegetative Vermehrung genannt und ist die einfachste Methode, Pflanzen zu vermehren.

• **Stammstecklinge:** Einige Pflanzen, etwa Dickblatt, Azaleen und Kamelien, lassen sich einfach durch Stammstecklinge vermehren – man muss diese nur in Wasser stellen und schon bewurzeln sie sich. Andere Pflanzen brauchen dagegen die Hilfe eines hormonhaltigen Bewurzelungspulvers. Die Stecklingsvermehrung ist die gängigste Vermehrungsmethode bei holzigen Zierpflanzen. Die Stecklinge von vielen meiner Lieblingssträucher bewurzeln sich ganz einfach, während die von Bäumen dagegen nicht so bereitwillig Wurzeln bilden.

Allgemein sollte man die Stecklinge vom dies- oder letztjährigen Wuchs nehmen; dabei möglichst solche mit Blütenknospen vermeiden. Alle Blüten und Blütenknospen am Steckling entfernen, damit die gesamte Energie in die Wurzel- und nicht in die Blütenbildung geht. Stecklinge nur von gesunden Pflanzen, vorzugsweise vom oberen Teil, nehmen.

Geeignete Pflanzen: Dickblatt (*Crassula*), Kamelie (*Camellia*), Goldene Efeutute (*Epipremnum aureum*) und Efeu (*Hedera*).

• **Blattschnittlinge:** Manche Pflanzen können durch Blatteile oder ganze Blätter vermehrt werden. Für einen Schnittling aus einem Blatteil halbiert man ein Blatt entlang der Mittelrippe und legt danach die Hälften der Länge nach in Topfsubstrat. Die Jungpflanzen bilden sich an der Schnittfläche, und sind sie herangewachsen, kann man sie schließlich einzeln in Töpfe verpflanzen. Bei der Vermehrung durch ganze Blätter wird ein Blatt mit seinem Stiel (etwa von einer Sukkulente) entfernt und mit dem Stiel voran in feuchtes Substrat gesteckt. Die Jungpflanzen erscheinen dann am Stamm der Elternpflanze – sie werden Ableger genannt.

Geeignete Pflanzen: Drehfrucht (*Streptocarpus*), Fetthenne (*Sedum*), Bogenhanf (*Sansevieria*), Schopflilie (*Eucomis*), Dickblatt (*Crassula*) und Ordensbegonie (*Begonia masoniana*).

ABLEGER

Ableger sollten erst dann von ihrer Elternpflanze entfernt werden, wenn sie kräftig herangewachsen sind. Sobald die Ableger ihrer Gestalt nach der Elternpflanze ähneln, kann man sie mit einem scharfen Messer abtrennen, und zwar so nah wie möglich an der Elternpflanze. Ableger anschließend in etwas feuchtem Substrat eintopfen.

Geeignete Pflanzen: Kakteen und Sukkulenten.

TEILEN

Sansevierien, Farne, Kakteen und Orchideen haben einen Wurzelballen, den man einfach teilen kann, um so mehrere Pflanzen zu erhalten. Die neuen Pflanzen werden dann einzeln eingetopft. Für die Teilung eine passende Stelle suchen und mit einem scharfen Messer vorsichtig den Wurzelballen durchtrennen. Dabei darauf achten, dass man die Wurzeln nicht beschädigt, da sonst die Pflanze absterben kann.
Geeignete Pflanzen: Bogenhanf *(Sansevieria)*, Efeu *(Hedera)*, Bubiköpfchen *(Soleirolia soleirolii)*.

PFROPFEN

Pfropfen oder Veredeln ist eine besonders geeignete Vermehrungsmethode für Kakteen. Dabei wird ein Stück eines Kaktus auf einen anderen Kaktus gepfropft, um eine interessante Form zu erzielen. Zunächst schneidet man mit einem scharfen Messer eine V-förmige Kerbe in die Unterlage. Dann wird der Pfröpfling V-förmig zugeschnitten, sodass er in die Kerbe passt. Um die Teile miteinander zu verbinden, steckt man durch beide senkrecht ein Stäbchen oder ein Drahtstück.
Geeignete Pflanzen: Kakteen und Sukkulenten.

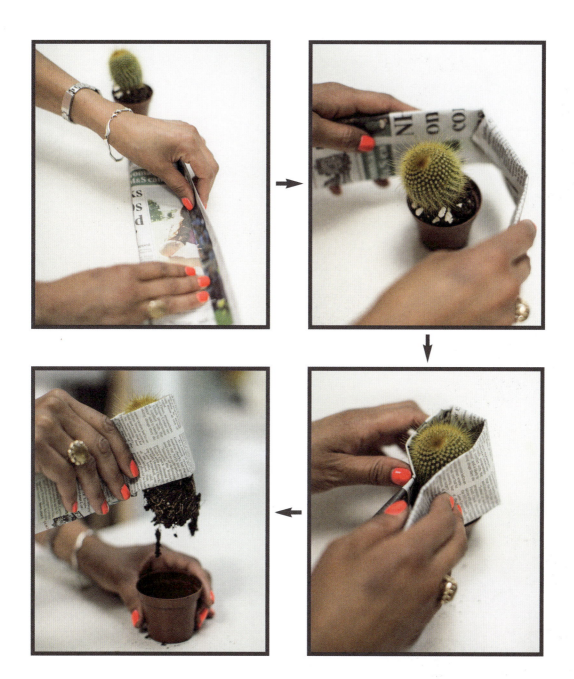

SCHWIERIGE PFLANZEN HANDHABEN

Mit folgender Methode lassen sich dornige Pflanzen wie Kakteen und solche, die einen giftigen oder die Haut reizenden Saft absondern, gut handhaben. Ein Stück Zeitungspapier oder ein Tuch zusammenfalten, um die Pflanze legen und wie einen Griff benutzen. Mit ihm zieht man dann die Pflanze senkrecht aus dem Topf, setzt sie anschließend in das neue Gefäß um und drückt ringsum etwas frisches Substrat an. Erst wenn die Pflanze fest im neuen Topf sitzt, den »Griff« entfernen.

BONSAI-PFLEGE

Um einen Bonsai gesund zu erhalten, ist es wichtig, ihn gut zu pflegen. Er sollte an einem hellen Platz stehen, aber nicht in direkter Sonne, da sonst die Verdunstung zu stark ist und die Pflanze vertrocknen kann. Wie die meisten Zimmerpflanzen lieben es auch Bonsais nicht, einer Wärmequelle, etwa einer Heizung, oder Zugluft ausgesetzt zu sein. Hier einige Regeln für die Pflege von Bonsais:

• **Gießen:** Das Wässern ist sehr wichtig, damit das Topfsubstrat stets feucht ist – man muss es täglich daraufhin überprüfen. Am besten den Bonsai mitsamt seinem Topf so lange in Wasser untertauchen, bis keine Luftblasen mehr aufsteigen, dann ablaufen lassen oder überschüssiges Wasser abgießen.

• **Düngen:** Zwischen Frühjahrsbeginn und Mitte Herbst etwa alle zwei Wochen einen stickstoffarmen Dünger verabreichen. Darauf achten, dass der Bonsai vorher gewässert wurde.

• **Schneiden:** Um die Form zu erhalten, muss der Bonsai regelmäßig geschnitten werden. Sobald ein Zweig sechs bis acht Blätter trägt, schneidet man ihn auf zwei bis drei Blätter zurück. Das regt den Baum zu dichtem Wuchs an.

• **Drahten:** Es ermöglicht, die Zweige in die gewünschte Form zu biegen und zu drehen.

• **Wurzelschnitt und Umtopfen:** Gut aufgebaute Bonsais müssen alle zwei bis drei Jahre im Frühling umgetopft werden, damit man das Substrat erneuern kann. Hierfür den Bonsai aus dem Topf nehmen und die Wurzeln mit einer Wurzelschere um die Hälfte einkürzen. Dann den Bonsai mit frischem Substrat in den gleichen Topf wieder einpflanzen. Auf diese Weise wird der Baum nicht größer.

KAKTEEN- UND SUKKULENTEN-PFLEGE

Wüstenkakteen und -sukkulenten lieben einen warmen, sonnigen Standort, an dem sie täglich vier bis sechs Stunden Sonne erhalten. Deshalb sollte man Kakteen an den sonnigsten Platz in der ganzen Wohnung stellen, etwa auf die Fensterbank oder auf einen Tisch beim Fenster. Es gibt jedoch auch Kakteen, die aus Wald- und Gebirgsregionen stammen, wie der Weihnachtskaktus *(Schlumbergera)*, und daher anders als Wüstenkakteen etwas Schatten und weniger Wärme im Sommer brauchen sowie etwas Feuchtigkeit und ein Substrat, das reich an organischem Material ist.

• **Topfsubstrat:** Spezielles Kultursubstrat für Kakteen und Sukkulenten, dem Kies und Sand beigemischt ist, verwenden.

• **Gießen:** Kakteen und Sukkulenten nach Bedarf wässern – etwa einmal im Monat.

• **Düngen:** Kakteen düngt man am besten mit einem nitrat- und phosphorreichen Dünger für Zimmerpflanzen, und zwar ein- bis zweimal jährlich in der halben Verdünnung, wie sie vom Hersteller empfohlen wird.

• **Handhabung von Kakteen:** Stets mit einem Streifen Zeitungspapier oder Karton, damit man sich nicht an den Dornen verletzt (siehe Seite 201).

ORCHIDEEN-PFLEGE

Orchideen stellen traditionell ein Symbol für Liebe und Schönheit dar. Entscheidend bei der Kultur von Orchideen in Räumen ist die Lichtintensität. Die meisten Sorten bevorzugen sehr helles, indirektes Licht. Da Orchideen auch bei ganz unterschiedlichen Temperaturen gedeihen, sollte man für die jeweilige Orchidee den am besten geeigneten Platz im Haus suchen.

• **Gießen und besprühen:** Orchideen lieben Feuchtigkeit und sollten einmal wöchentlich mit lauwarmem Wasser gegossen werden. Da ihre Wurzeln in nassem Substrat aber faulen, muss man überschüssiges Wasser entfernen. Blätter und Luftwurzeln sollten täglich besprüht werden; oder man erhöht die Luftfeuchtigkeit, indem man den Orchideentopf in einen großen Untersetzer mit Kieselsteinen stellt und diesen dann so viel mit Wasser füllt, dass die Steine gerade noch herausschauen.

• **Düngen:** Alle drei Wochen mit Spezialdünger für Orchideen. Im Winter legen sie eine Ruhepause ein, in der man sie nicht düngen darf.

• **Blühen:** Orchideen im Sommer ins Freie stellen – das fördert die Blütenbildung.

SCHÄDLINGE, KRANKHEITEN UND ANDERE PROBLEME

Pflanzen reagieren auf ganz unterschiedliche ungünstige Bedingungen oft auf ähnliche Art: ist die Pflanze von einem Schädling oder einer Krankheit befallen, hat sie Licht- oder Wassermangel oder wurde sie zu viel gegossen, dann verfärben sich die Blätter gelb oder braun und fallen ab, oder die Triebe welken. Wässern Sie richtig? Düngen Sie richtig? Hat die Pflanze genügend Licht? Hat der Topf die richtige Größe? Der folgende Überblick hilft Ihnen vielleicht, die Ursache für das Problem zu finden.

PHYSIOLOGISCHE PROBLEME

GELBVERFÄRBUNG DER BLÄTTER

Mögliche Ursache: Zu wenig Wasser. Sind Pflanzen ausgetrocknet, können sie kein Wasser und damit auch keine wertvollen Nährstoffe mehr aufnehmen.
Bekämpfung: Das Topfsubstrat regelmäßig auf Trockenheit hin überprüfen und gegebenenfalls wässern.

Mögliche Ursache: Zu viel Wasser. In durchtränktem Substrat können die Wurzeln die Pflanze nicht mit Wasser und Nährstoffen versorgen.
Bekämpfung: Dafür sorgen, dass das Pflanzgefäß genügend Abzugslöcher hat und es nicht in einem mit Wasser gefüllten Untersetzer steht.

Mögliche Ursache: Nährstoffmangel. Stickstoff ist unerlässlich für die Produktion eines grünen Pigments, dem Chlorophyll, das mithilfe von Lichtenergie die Fotosynthese der Pflanze ermöglicht. Bei Stickstoffmangel erhält nur der obere Teil der Pflanze, wo er am dringendsten gebraucht wird, den noch verfügbaren Stickstoff, während sich die unteren Blätter gelb verfärben.
Bekämpfung: Regelmäßig düngen.

Mögliche Ursache: Zu niedrige Temperatur. Die Blätter können sich gelb verfärben, wenn eine Pflanze eigentlich höhere Temperaturen gewöhnt ist.
Bekämpfung: Die Pflanze an einen wärmeren Platz stellen.

Mögliche Ursache: Bei kalkfliehenden Pflanzen hartes Wasser, das den Kalkgehalt erhöht.
Bekämpfung: Weiches Wasser verwenden oder einen Spezialdünger zur Neutralisierung von Kalk.

TIPP FÜR INDOOR-GÄRTNER:
Keine Sorge, wenn alte Blätter gelb werden – das ist ein natürlicher Vorgang.

ABFALLENDE BLÄTTER, BLÜTEN ODER KNOSPEN

Mögliche Ursache: Zu wenig Wasser. Die Pflanze wirft Blätter und Blüten ab, um Wasser zu sparen.
Bekämpfung: Das Topfsubstrat regelmäßig auf Trockenheit hin überprüfen und gegebenenfalls wässern.

Mögliche Ursache: Veränderung der Lichtverhältnisse. Blätter können beim Versuch, sich an neue Lichtverhältnisse anzupassen, abfallen.
Bekämpfung: Die Pflanze möglichst nicht oft zu stark drehen.

Mögliche Ursache: Temperaturschwankungen, die die Pflanze schwächen können.
Bekämpfung: Für konstante Wachstumsbedingungen sorgen.

VERSENGTE BLÄTTER

Mögliche Ursache: Nicht genügend Feuchtigkeit. Durch Verdunstung verlieren die Blätter schneller Wasser, als es die Pflanze von den Wurzeln bis zu ihnen transportieren kann, weshalb sich die Blattränder braun verfärben.
Bekämpfung: Die Pflanze in einen Bereich mit höherer Luftfeuchtigkeit stellen.

Mögliche Ursache: Zu viel Wärme. Aufgrund von zu heißen Standortbedingungen, etwa in der Nähe einer Heizung oder durch direkte Sonneneinstrahlung, können Pflanzen versengen.
Bekämpfung: Pflanzen von solchen Plätzen entfernen.

SCHÄDLINGE

BLATTLÄUSE
Schadbild: Verkrüppelte und deformierte Triebe und Blätter; schadhafte Blüten; klebriger Honigtau an den Pflanzen.
Bekämpfung: Durch Abreiben entfernen oder biologische Bekämpfung mit Nützlingen.

GEFURCHTER DICKMAULRÜSSLER (LARVE)
Schadbild: Die ganze Pflanze welkt, auch wenn das Topfsubstrat feucht ist; angenagte Wurzeln oder Knollen.
Bekämpfung: Chemische Schädlingsbekämpfungsmittel anwenden oder mit Nematoden bekämpfen.

GEFURCHTER DICKMAULRÜSSLER
Schadbild: Bogenförmiger Fraßschaden an den Blättern.
Bekämpfung: Per Hand entfernen oder chemisches Schädlingsbekämpfungsmittel einsetzen.

SCHMIERLÄUSE
Schadbild: Vergilbende Blätter; wachsartige, weiße Wollflocken in Blattachseln; Honigtau auf den Blättern.
Bekämpfung: Gelege im Substrat ausgraben oder biologische Bekämpfung mit Nützlingen.

SPINNMILBE (ROTE SPINNE)
Schadbild: Gefleckte oder zart gesprenkelte Blätter; aufgerollte Blattränder; zartes, seidiges Gespinst an Blättern und der Unterseite von Blattachseln.
Bekämpfung: Biologische Bekämpfung mit Nützlingen oder chemisches Pestizid anwenden.

WEICHE SCHILDLAUS
Schadbild: Klebrige Ablagerungen auf den Blättern, die sich schwarz färben können; wachsartige braune oder gelbe ovale Scheibchen an den Blattunterseiten.
Bekämpfung: Per Hand abreiben oder biologische Bekämpfung mit Nützlingen.

WEISSE FLIEGE
Schadbild: Klebriger Honigtau an den Pflanzen; weiße Insekten an den Blattunterseiten.
Bekämpfung: Biologische Bekämpfung mit Nützlingen.

WICKLERRAUPEN
Schadbild: Fraßschäden an Trieben und Blättern; aufgerollte, von klebrigen Gespinsten zusammengehaltene Blätter; deformierter Wuchs aufgrund von zusammengeklebten Blättern und Sprossen.
Bekämpfung: Per Hand entfernen oder biologische Bekämpfung mit Nützlingen.

KRANKHEITEN

BOTRYTIS (GRAUSCHIMMEL)
Schadbild: Lockerer grauer Schimmel auf angefaulten Blättern.
Bekämpfung: Mit Fungizid besprühen.

ECHTER MEHLTAU
Schadbild: Weißer, mehlartiger Belag auf den Blättern.
Bekämpfung: Befallene Blätter entfernen und Pflanze mit einem Fungizid besprühen.

RUSSTAU
Schadbild: Dicke, schwarze, rußartige Ablagerungen auf Blättern und Stängel, die auf dem Honigtau von pflanzensaftsaugenden Insekten wachsen.
Bekämpfung: Blätter regelmäßig mit einer Spülmittellösung abwaschen.

SCHIMMEL DURCH ABFALLENDE BLÜTENBLÄTTER
Schadbild: Abfallende Blütenblätter, die auf Blättern liegen bleiben, können Schimmel verursachen.
Bekämpfung: Beschädigte Blätter entfernen.

SCHWARZBEINIGKEIT
Schadbild: Schwarzfärbung des Stängels, wo er mit dem Substrat in Berührung kommt (meist ist zu feuchtes Substrat die Ursache); die Blätter verfärben sich gelb, der Stängel braun.
Bekämpfung: Für ausreichend Abzugslöcher sorgen, damit das Wasser stets gut ablaufen kann. Falls sich die Pflanze nicht erholt, muss man sie eventuell wegwerfen; vorher jedoch von den oberen Trieben Stecklinge nehmen und das Ende in hormonhaltiges Bewurzelungspulver mit Fungizid tauchen, bevor man sie dann eintopft.

WURZELHALS- UND STÄNGELFÄULE
Schadbild: Weiche, schleimige Stängel; schwarze und braune Faulstellen.
Bekämpfung: Stecklinge von nicht befallenen Trieben nehmen und vor dem Einpflanzen mit Schwefel besprühen. Diese Fäule kann für die Pflanze leider tödlich sein.

ADRESSEN

The Balcony Gardener
www.thebalconygardener.com
Onlineshop der Autorin Isabelle Palmer

Bonsaischule Enger
www.bonsaischule.de
Bonsais und Zubehör

Dawanda
www.dawanda.de
Selbstgemachte Pflanzgefäße, Übertöpfe, Dekoartikel, Wohnaccessoires

Dehner
www.dehner.de
Gartencenter mit Onlineshop

Etsy
www.etsy.de
Originelle Pflanzgefäße, Ausstattung für Terrarien

Ikea
www.ikea.de
Accessoires, Pflanzgefäße, Vasen

Onlineshop Verband deutscher Gartencenter
www.olerum.de
Pflanzgefäße, Pflanzen, Zubehör

Kakteen Piltz
www.kakteen-piltz.de
Kakteen und Sukkulenten

Kakteengarten
www.kakteengarten.de
Kakteen und andere Pflanzen

DANK

Zuallererst ein großes, von Herzen kommendes Dankeschön an Cindy, Sally, Gillian und das gesamte Team von CICO Books für ihren unerschütterlichen Glauben in mich sowie für ihre Hilfe und Geduld während der Entstehung dieses Buches, auf das ich wirklich stolz bin. Vielen Dank, Helen, für deine wunderbaren Fotografien und Marisa, für dein tolles Styling – die Ergebnisse eurer engagierten Arbeit sind für jeden deutlich sichtbar. Großer Dank gebührt auch meinem fabelhaften Team bei The Balcony Gardener, insbesondere Maddy und Patricia, für ihre stetige, nie ermüdende Hilfe und Unterstützung. Unendlich großer Dank gilt meiner Mutter, meinem Vater, Bruder und Großvater – ihre beständige Liebe, Unterstützung und Geduld waren entscheidend für die Realisierung dieses Buches – und meinem Großonkel Michael sowie seiner Frau Thelma für ihre umfangreiche Literatur über Zimmerpflanzen, die nicht nur eine Inspiration, sondern auch eine große Hilfe war.

REGISTER

A
Abdeckmaterial 70 f., 92 f., 120, 146 f., 156 f., 166, 171, 174
Acer palmatum 'Ukon' 146 f.
Achimenes 190
Adiantum 16 f., 42 f., 98–101, 132 f., 190
Aeonium urbicum 'Dinner Plate' 66 f.
Ahorn 137
Fächer-Ahorn 146 f.
Ajuga reptans 16 f.
Algenfarn 48
Aloe 137
A. haworthioides 14 f., 54 ff.
A. 'Pinto' 58 f.
A. vera 188
Alpenveilchen 173, 192
Alternanthera 48 f.
Anacampseros rufescens 98–101
Anthriscus sylvestris 182 f.
Aphelandra squarrosa 190
Asparagus densiflorus Sprengeri-Gruppe 190
Avena sativa 60 ff.
Azaleen 140, 173, 199

B
Bacopa caroliniana 180
Badezimmer 23, 54 f., 120 f., 186, 190 f.
Balkone 149
Bartholomeu Dias 10
Basilienkraut 137
Baumfarn 141 ff.
Begonia 28 f.
B. foliosa 114 f.
B. masoniana 199
Bergpalme 42 f.
Bildobjekte 102 f., 126–131, 184
Biophytum sensitivum 72 f.
Blähton 176 f., 180
Blaues Lieschen 190 f.
Blumenampeln 104–125, 181
Blumenkästen 148, 166
Blumen pressen 184 f.
Blumensträuße 76–79, 182 f.
Blüten trocknen 184
Bogenhanf 54 ff., 187, 199 f.
Bonsai 86 f., 168, 198, 202
Bornholmmargerite 60 ff.
Brodiaea 76–79
Bromeliaceae 106 f., 124 f., 164
Buchsbaum, Gewöhnlicher 144 f.
Buxus sempervirens 144 f.

C
Calathea 188
Callicarpa bodinieri var. *giraldii* 'Profusion' 156 ff.
Callistemon 28
Camellia 170, 199
Campanula 188, 198
C. carpatica 138 f.
Castanospermum australe 26 f., 80 f.
Centaurea cyanus 182 f.
Ceratophyllum 180

Ceropegia linearis subsp. *woodii* 47
Chamaedorea elegans 42 f.
Chamelaucium uncinatum 76–79
Cheilanthes lanosa 98–101
China-Hibiskus 187
Chlorophyll 164, 188
Chrysanthemum 60 ff., 173
Craspedia globosa 18 f., 182 f.
Crassula 66 f., 199
C. ovata 58 f., 94 f.
C. perforata 58 f.
Cyclamen 173, 192
Cyperus alternifolius 180

D
Dahlia 'Violet' 82 f.
Deko-Objekte 16 f., 22, 26 f., 30–33, 42–46, 72–75, 98–101, 138 f., 176 f.
Delphinium 76–79, 182 f.
Dickblatt 58 f., 66 f., 94 f., 199
Dicksonia antarctica 141 ff.
Diele 122 f., 186, 188
Dracaena sanderiana 86 f., 136, 190
Drehfrucht 199
Dreimasterblume 180, 189
Dryopteris filix-mas 'Linearis Polydactyla' 98–101, 132 f.

E
Echeveria
E. elegans 98–101
E. 'Fred Ives' 58 f.
E. 'Imbricata' 98–101
Echinocactus grusonii 14 f.
Echinocereus pulchellus 34 f.
Echinodorus amazonicus 12 f.
E. 'Red Special' 48
Efeu 120–123, 136, 169, 178, 188, 199 f.
Einblatt 189
Eingangsbereiche 144 f., 153
Epiphyten 106 f., 179
Epipremnum aureum 58 f., 199
Essplätze 61, 108 f., 122 f., 153
Eucomis 199
Euphorbia 10
Eustoma 182 f.
Exacum affine 190 f.

F
Farne 16–19, 38–43, 48, 52 f., 64 f., 72 f., 98–101, 107, 112 f., 122 f., 132 f., 137, 166, 190 f., 200
Federborstengras 156 f., 159
Feigenbaum 96 f., 114 f., 187
Feng-Shui 136
Fensterbänke 32, 68, 148, 162 ff., 166, 187
Fettblatt, Großes 180
Fetthenne 58 f., 199
Ficus benjamina 96 f., 114 f., 187
F. binnendijkii 'Amstel King' 187
Fiederaralie 191
Fittonia 16 f., 28 f., 38 f.

F. verschaffeltii 48
Flieder 96 f., 175
Formschnittpflanzen 144 f.
Fortunella japonica 175
Fossilien 52 f.
Fotosynthese 120, 162, 164, 188
Frauenhaarfarn 16 f., 42 f., 190

G
Gartengeräte 163, 168 f.
Gartenmaterialien 168 f., 178
Garten-Stiefmütterchen 36 f.
Glanzkölbchen 190
Glasgefäße 7 ff., 12 f., 14 f., 18–23, 26 f., 36–45, 48 f., 72–75, 86 f., 94–101, 112 f., 114 f., 152–155, 165 f., 181 ff. siehe auch Pflanzgefäße, Terrarien
Glashauben 98–101
Glockenblume 138 f., 188, 198
Glücksbambus 86 f., 136, 190
Glyzine 198
Goldkugelkatus 14 f.
Gräser 60 ff., 156 f., 184
Günsel, Kriechender 16 f.
Guzmania 124 f.

H
Hängende Pflanzenarrangements 104–133, 166, 181
Hatiora salicornioides 114 f.
Hauswurz, Gewöhnliche 58 f.
Haworthia 54
Hedera 136, 169, 199 f.
H. helix 120–123, 188
H. helix 'Mint Kolibri' 178
Hemionitis arifolia 64 f.
Heuchera 'Midnight Rose' 132 f.
Hibiscus rosa-sinensis 187
Himbeere 116 f.
Holz 12 f., 24 f., 98–101, 136
Holzhackschnitzel 171
Holzkohle 176 f.
Hornblatt 180
Hortensien 149
Garten-Hortensie 'Madame Emile Mouillère' 148
Howea forsteriana 92 f.
Hyazinthen 180
Hydrangea macrophylla 'Madame Emile Mouillère' 148
Hydrocotyle leucocephala 180
Hydrokultur 180
Hygrophila difformis 180
Hypnum 98–101, 116 f., 171, 176 f.

I/J
Immergrün, Kleines 108 f.
Jasmin 178
Javamoos 180
Jovibarba globifera subsp. *hirta* 'Andreas Smits' 98–101
Judenbart 189

K
Kakteen 10 f., 14 f., 34 f., 44 f., 164 f., 170, 187, 196, 199 ff., 203

Kalanchoe blossfeldiana 'Tom Thumb' 18 f.
K. thyrsiflora 58 f.
K. tomentosa 94 f.
Kamelien 170, 199
Kamille, Echte 137, 176 f.
Kamindekoration 14 f., 48, 98–101
Kies 14 f., 34 f., 171, 174
Kieselsteine 19 f., 23 ff., 32 f., 42–49, 58 f., 70 f., 92 f., 166, 171, 174, 176 f., 180, 194, 203
Kiwi 116 f.
Korallenbeere 32 f.
Korbmaranthe 188
Kornblume 182 f.
Kräuter 68 f., 108, 137, 175
Krankheiten 163, 169 f., 204 f.
– Botrytis (Grauschimmel) 205
– Echter Mehltau 205
– Gelbverfärbung der Blätter 204
– Rußtau 205
– Schimmel 163, 173, 176, 205
– Schwarzbeinigkeit 205
– versengte Blätter 204
– Wurzelfäule 163, 173, 188 f.
– Wurzelhals- und Stängelfäule 205
Krüge 76–79
Küchen 61, 66, 68 f., 77, 94, 108 f., 115 f., 122 f., 153, 186
Kumquat 175

L
Laternen 14 f.
Laurus nobilis 175
Lavendel (*Lavandula*) 68 f., 175
Lebendblatt 189
Lebende Steine 44 f., 58 f.
Leuchterblume 47
Leucobryum 22, 32 f., 169, 171
Linné, Carl von 106
Lithops 44 f., 58 f.
Lorbeer 175
Luftpflanzen 24 f., 106 f., 110 f., 118 f., 179

M
Makramee 118 f., 124 f.
Mammillaria wildii 14 f.
Maranta leuconeura 54 f., 57
Matricaria recutita 137, 176 f.
Mauerdekoration 126 f., 132 f., 135
Mentha 182 f.
Minze 182 f.
Moorkienholz 12 f., 24
Moos 16 f., 19 ff., 24 f., 28–31, 38 f., 44 f., 72–75, 80 f., 98–103, 107, 116 f., 120 f., 126–129, 156 f., 165, 169, 171 f., 181
Mooskugeln 12 f., 171
Moosmatte 44 f.
Muscheln 44 f., 98–101, 171, 174
Myosotis scorpioides 138 f.
Myriophyllum 48 f.
Myrtillocactus geometrizans 34 f.

N
Narzisse 189
Nephrolepis exaltata 16 f., 38–41, 191
N. exaltata 'Bostoniensis' 122 f.
Nertera granadensis 32 f.
niederländische Ostindische Kompanie 10 f.

O
Ocimum basilicum 137
Opuntia microdasys f. *monstrosus* 34 f.
Orchideen 88–91, 107, 164, 170, 193, 195, 200, 203
Oregano 22
Osteospermum ecklonis 60 ff.

P
Pachyveria glauca 'Little Jewel' 58 f.
Paeonia 76–79
Palmlilie 187, 189
Papageienblatt 48 f.
Passionsblume *(Passiflora)* 18 f., 168 f., 178
Pellaea rotundifolia 112 f.
Pennisetum alopecuroides 'Hameln' 156 f., 159
Peperomia 191
Pfingstrose 76–79
Pflanzenjäger 6, 10 f.
Pflanzenkultur 161–164, 176, 192–205
 – Besprühen 111, 129, 164, 169, 176 f., 179, 194, 203
 – Dränage 18, 92, 163, 174, 176, 194, 196
 – Düngen 163, 187–191, 195, 202 f.
 – Ein-/Umtopfen 163, 174, 176 f., 196, 202 f.
 – Erziehung 175, 178, 202 f.
 – Handhabung schwieriger Pflanzen 201, 203
 – Lichtverhältnisse 161–166, 173, 187–191, 196, 204
 – Luftfeuchtigkeit 161–165, 179, 187–191, 194, 202 f.
 – Pflanzenwahl 173, 188–191
 – Schneiden 175, 197, 202 f.
 – Standort 161–165, 173, 186–191, 202 f.
 – Stützen 178
 – Temperatur 161 f., 164 f., 187–191, 204
 – Vermehrung 170, 198 ff.
 – Wässern 117, 163, 166, 187–194, 202 f.
Pflanzensymbolik 136 f.
Pflanzgefäße 58–63, 141, 165–167
 – aus Beton 156 f.
 – aus Holz 68–71, 108 f., 152–155, 166, 182 f.
 – aus Keramik 88 f., 118 f.
 – aus Metall und Draht 66 f., 80 f., 92 f., 120 f., 140, 144 f., 148, 150 f., 167
 – aus Porzellan 167
 – aus Terrakotta 14 f., 18 f., 54 ff., 60 f., 64 f., 83, 124 f., 146 f., 166
 – *siehe auch* Blumenampeln,
Blumenkästen, Glasgefäße, Terrarien
pH-Wert 140
Phalaenopsis 88–91
Philodendren 164
Phlox divaricata 60–63
Polyscias fruticosa 191
Portulacaria afra 46
Prärie-Enzian 182 f.

R
Rahmen-Objekte 110 f., 128–131
Rentierflechte, Echte 14 f., 24 f., 94 f., 98–101, 126 f., 171
Rinde 12 f., 18 f., 24 f., 180
Rispen-Steinbrech 60 ff.
Rittersporn 76–79, 182 f.
Rosen 76–79, 96 f., 184
Rosmarin *(Rosmarinus)* 68 f., 137
Royal Botanical Gardens 11

S
Saat-Hafer 60 ff.
Salat 150 f.
Salbei *(Salvia farinacea)* 76–79
Sand 26 f., 94 f., 171
Sansevieria 199 f.
S. trifasciata 54 ff.
S. trifasciata var. *laurentii* 187
Sarracenia leucophylla 36 f.
Saxifraga paniculata 60 ff.
S. stolonifera 189
Scabiosa 182 f.
Schädlinge 163, 169, 173, 204 f.
 – Blattläuse 205
 – Gefurchter Dickmaulrüßler 205
 – Schmierläuse 205
 – Spinnmilbe (Rote Spinne) 205
 – Weiche Schildlaus 205
 – Weiße Fliege 205
 – Wicklerraupen 205
Schefflera 96 f.
Schellenbaumfarn 98–101, 132 f.
Schieferbruch 171
Schiefteller 190
Schlafräume 112 f., 124 f.
Schlauchpflanzen 36 f.
Schlumbergera 94, 203
Schmalblättrige Amazonas-Schwertpflanze 12 f.
Schnittblumen 76–79, 96 f., 152–155, 182–185
Schopflilie 199
Schwertfarn 16 f., 38–41, 122 f., 191
Sedum 58 f.
S. rubrotinctum 47, 80 f., 199
Selaginella apoda 18 f.
Sempervivum 128–131
S. tectorum 58 f., 94 f., 98–101
Senecio rowleyanus 'String of Pearls' 74 f.
Serissa foetida 86 f.
Skabiose 182 f.
Soleirolia soleirolii 70 f., 165, 200
Solenostemon scutellarioides 'Wizard Jade' 108 f., 198
Spaghnum 80 f., 171
Spathiphyllum 189
Strauchportulak 46
Streptocarpus 199
Sukkulenten 10 f., 14 f., 19 ff., 23, 28 f., 34 f., 54 f., 58 f., 66 f., 74 f., 80 f., 94 f., 98–101, 128–131, 164 f., 188, 199 f., 203
Sumpf-Vergissmeinnicht, Gewöhnliches 138 f.
Syringa vulgaris 96 f., 175

T
Tausendblatt 48 f.
Taxiphylllum barbieri 180
Terrarien 6–9, 14–35, 38–47, 72–75, 94 f., 138 f., 165 f., 176 f., 190
Thujamoos 171
Thymian *(Thymus)* 68 f., 137
Tillandsia 24 f., 106 f., 110 f., 118 f., 179
T. recurvata 107
T. usneoides 107
Tillandz, Elias 106
Tolmiea menziesii 'Taff's Gold' 189
Topfspalier 178
Topfsubstrate 106, 140, 170
Torfmoos 80 f.
Tradescantia fluminensis 'Albovittata' 180
T. 'Isis' 189
Trommelschlägel 18 f., 182 f.

V
Vasco da Gama 10
Veilchen 36 f., 165
Vermehrung
 – Ableger 199
 – Aussaat 170, 198
 – Pfropfen 200
 – Schnittlinge 199
 – Stecklinge 170, 199
 – Teilung 200
Viktorianische Ära 6, 24 f., 28 f., 32 f., 138, 165
Vinca minor 'Variegata' 108 f.
Viola x *wittrockiana* 36 f., 165

W
Wanddekoration 102 f., 106 f., 110 f., 118 f.
Ward, Nathaniel 166
Ward'sche Kästen 6, 166
Wassergärten 12 f., 48 f., 165 f., 180
Wassernabel, Brasilianischer 180
Wasserpflanzen 12 f., 48 f., 165 f., 180
Wasserstern, Indischer 180
Weihnachtskaktus 94, 203
Wiesen-Kerbel 182 f.
Wiesen-Moosfarn 18 f.
Winterruhe 163
Wisteria 198
Wolfsmilch 10

Y
Yucca 189
Y. elephantipes 187

Z
Zamiokulkas *(Zamioculcas zamiifolia)* 187
Zantedeschia 'Picasso' 82–85
Zier-Spargel 190
Zitruspflanzen 195
Zwergpfeffer 191
Zwiebelpflanzen 180, 189
Zylinderputzer 28